The African Geopolitical

ATLAS 2020

Stake experts

The African Geopolitical

ATLAS 2020

L'ATLAS Géopolitique Africain 2020

directed by Claude Biao

ISBN13: 978-0-578-65518-5

Cover: Africa, water places, OpenStreetMap contributors (http://openstreetmap.org),
Open Database Licence (CC BY-SA.)

Stake experts
02 BP 1992, Cotonou, BENIN
info@stakeexperts.com
books@stakeexperts.com

https://stakeexperts.com/

84 outlooks of Africa
84 manières de voir l'Afrique

https://stakeexperts.com/

Table of Contents
Sommaire

Chap. -4
Major regional groupings

18- AMU
19- ECOWAS and WAEMU
20- ECCAS, EMCCA, and LCBC
21- EAC, ICGLR, and IGAD
22- COMESA, SACU and SADC
23- Anti-terrorism: Accra Initiative, FC-G5S, MNJTF, and RCI-LRA

Chap. -5
Regional security dynamics

24- Sahel: Complexification of the crisis and multiplication of players
25- Al-Shabaab spread from the Somali stronghold
26- Boko Haram and ISWAP: Sanctuating the Lake Chad Basin
27- Chad-Sudan-CAR: multilayer and cross-border crises
28- Cameroon-Nigeria: Increased instability of the border area
29- Maritime piracy in the Gulf of Guinea
30- Maritime piracy in the Indian Ocean (African coastlines)

Chap. -4
Les grands ensembles régionaux

18- UMA
19- CEDEAO et UEMOA
20- CEEAC, CEMAC et CBLT
21- CEA, CIRGL et IGAD
22- COMESA, CDAA et UDAA
23- Initiatives antiterroristes: Initiative d'Accra, FC-G5S, FMM et ICR-LRA

Chap. -5
Dynamiques sécuritaires régionales

24- Sahel: Complexification de la crise et multiplication des acteurs
25- Expansion d'Al-Shabaab depuis le foyer somalien
26- Boko Haram et l'ISWAP: Sanctuarisation du bassin du Lac Tchad
27- Tchad-Soudan-RCA: Crises transfrontalières et à plusieurs niveaux
28- Cameroun-Nigeria: Instabilité accrue de la zone frontalière
29- Piraterie maritime dans le Golf de Guinée
30- Piraterie maritime dans l'Océan Indien (Côtes Africaines)

Foreword
Préface

The beginning of the 21st century has been characterized by increasing sociological, political and economic upheavals throughout the world. From essays to editorials, the question of the future of the African continent, _especially its sub-Saharan part_ infuriates and divides the world into Afro optimists and Afro pessimists.

Sixty years after the independence of about half of its countries, Africa is seeking a role other than that of victim and a recognized place in the international community that the United Nations is struggling to symbolize. Moreover, the continent is at the same time an object of covetousness and speculation and is subjected to many traumas in a context where multilateralism is slowing down in favor of the revival of Nation-States.

By offering this endogenous minded outlook of the geopolitical situation of Africa in 2020 through multiple entry points and as many

Le début du 21ème siècle a été, partout dans le monde, caractérisé par des bouleversements en cascade sur le plan sociologique comme dans les domaines politiques et économiques. D'essais en éditoriaux, la question de l'avenir du continent africain, en particulier de sa partie subsaharienne, enflamme et divise le monde en afro optimistes et en afro pessimistes.

Soixante ans après les indépendances de près de la moitié de ses pays, l'Afrique cherche à se donner un rôle autre que victimaire et une place reconnue dans la Communauté internationale que peinent à symboliser les Nations-Unies, alors qu'elle est, à la fois, objet de convoitise et de spéculation et sujette à bien des traumatismes. Et cela, au moment où le multilatéralisme ralentit au profit de la résurgence des Etats-Nations.

En proposant ce panorama de la situation géopolitique de l'Afrique en 2020 à travers de multiples points d'entrées et autant de perspectives encompassing political, social, economic, environmental and security analysis, Stake experts an Africans led consultancy firm in peace-security and conflict management based in Cotonou, Benin _and covering the whole African continent and the Indian Ocean_ exposes 84 factual and documented maps which open up the field of possible futures for the African continent.

This ambitious and relevant project unveils several thematic maps 'of Africas' at this pivotal moment in the world's political history, where security issues are simultaneously national, regional and transcontinental.

Everyone legitimately questions the capacities, the will and the means of the African continent to sustainably emerge from underdevelopment. The diagnosis will depend on investment; yet without investment there can be no progress and without shared progress there can be no lasting peace.

This diversity and the synergy in the choice of the themes developed reflect the richness and complexity of African geopolitics. They are in fact characterized by the heterogeneity of local situations taken in isolation, and the difficulty of producing a definitive prognosis, as the actors are so mobile and the contexts volatile.

The maps in this Atlas _54 country

perspectives d'analyses politiques, sociales, économiques, environnementales et sécuritaires, Stake experts, Cabinet d'étude et de conseil en paix-sécurité et gestion des conflits basé à Cotonou au Bénin et couvrant toute l'Afrique et l'Océan Indien, dirigé et animé par des africains qui ont fait le pari qu'une approche et une exigence endogène était nécessaire, nous présente 84 cartes factuelles et documentées qui, en campant le réel, ouvrent le champ des futurs possibles pour le continent africain.

Ce projet aussi ambitieux que pertinent, nous présente plusieurs cartes thématiques 'des Afriques' à ce moment charnière de l'histoire politique du monde, où les enjeux sécuritaires sont simultanément nationaux, régionaux et transcontinentaux.

Chacun s'interroge légitimement sur les capacités, la volonté et les moyens pour le continent africain de sortir durablement du sous-développement. Du diagnostic dépendront bien des investissements, or, sans investissement, il n'y a pas de progrès, et sans progrès partagé, pas de paix durable.

Cette diversité et cette complémentarité dans le choix des thématiques développées, traduisent bien la richesse et la complexité de la géopolitique africaine caractérisée par monographs and 30 continental or regional thematic maps_, provide a factual multidimensional and a more in-depth perspective by allowing interpretations to be refined away from clichés, preconceived ideas and asserted certainties. The aim of this enterprise is to let the reader make his/her own analysis and have his/her own conclusions.

These 84 maps, divided into three main parts that are themselves subdivided into seven chapters constitute an array of lenses which help to apprehend the ongoing dynamics interfering with each other, and thus help to guide action, particularly on investment planning, crisis anticipation, population displacement and mining activities. This cause and effect relationship is constant and perceptible.

With *Africa and its peoples* one can notice through five thematic maps the displacement of populations in conflict-affected countries, the positioning of regular military task forces, of foreign intervention forces and of armed groups. Then the chapter addresses the question of the settlement and the distribution of populations in urban areas, the question of disputed territories, and the question of resources and natural reserves, which are also exposed in five maps under the title *African territories*. The cross-

l'hétérogénéité des situations locales prises isolément, et la difficulté de produire un pronostic définitif, tant les acteurs sont mouvants et les contextes volatils.

Les cartes de cet Atlas – 54 monographies-pays et 30 cartes thématiques continentales ou régionales –, en permettant d'affiner les interprétations loin des clichés, des idées reçues et des certitudes assenées, donnent une vision factuelle, multidimensionnelle et plus en profondeur, et laissent ainsi le soin au lecteur de faire sa propre analyse et ses conclusions.

Ces 84 cartes articulées en 3 grandes parties, elles-mêmes subdivisées en 7 chapitres, sont autant de projecteurs pour comprendre les dynamiques qui se nouent et interfèrent, éclairer l'action et notamment la planification des investissements, l'anticipation des crises, les déplacements de populations, ou encore l'exploitation des ressources minières. Cette relation de cause à effet est constante et perceptible.

Avec l'*Afrique et ses populations,* on peut voir en cinq cartes thématiques, les déplacements de populations dans les pays en conflit et le positionnement des forces militaires régulières, d'interposition étrangères ou internationales et des groupes armés. On aborde ensuite la analysis of the maps makes it possible to visualize, for example, how the uncontrolled use of territories generates conflicts that are imposed on the populations even forcing them to move. One can observe that these displacements progressively modify the shape of cities along with the range of problems inherent to large urban areas.

Using six maps to delve into the *major regional groupings* which came to birth after independence and which continue to exist with various serendipity, the Atlas invites us to consider the operation of regional integration organizations. There are a lot of such regional integration organizations on the continent and they are generally designed with a sub-regional geographical mindset.

One can challenge the implementation of collectively enacted and established laws and principles on the territories. The 'integration' component not only affects the *regional security dynamics* that the seven maps propose, but also the major security and cross-border issues upon which international geopolitics are rooted. In fact, international terrorism motivates international geopolitics but without yet proposing unequivocal remedies. Finally, the ATLAS will discuss the state of *African economies,* with regard

question de l'implantation et de la répartition des populations en zones urbaines, celle des territoires sujets à disputes, et celles des ressources et des réserves naturelles qui sont aussi développées en cinq cartes sous l'intitulé l'*Afrique des territoires*. Le croisement de l'analyse permet de comprendre les interactions et de visualiser, par exemple, comment l'exploitation incontrôlée des territoires génère des conflits qui sont imposés aux populations et les contraignent aux déplacements. On observe que ces déplacements modifient la cartographie des villes et avec elle, le cortège des problèmes inhérents aux grands ensembles urbains.

En détaillant les *grands ensembles régionaux* créés après les indépendances et qui perdurent avec des fortunes diverses en six cartes, l'Atlas invite à se pencher sur le fonctionnement des organisations régionales d'intégration qui sont nombreuses en Afrique et généralement conçues d'après une logique géographique sous régionale.

On peut parfois s'interroger sur la réalité de l'application sur les territoires des états membres des droits et principes qu'elles édictent et consacrent collectivement. Cette dimension 'intégration' influe aussi sur les *dynamiques sécuritaires régionales* qui nous sont proposées en to macroeconomic data.

The presentation of these realities in 84 maps and monographs also allows a better understanding of the ongoing dynamics on a continent which preserves its capacity for fascination and imagination despite the ups and downs. In this respect, this Geopolitical Atlas 2020 comes just at the right time. It appears at a time when identity, territorial, economic, social, climatic and health crises are multiplying and compounding to impose a necessary and hopefully a salutary step back.

Africa is not exempt from the world's disruptions. It is in many ways its sounding board. Globalization, which has imposed itself with the impact that we know, is forcing Africa to innovate, so much so that all the expensive imported and imposed miracle-recipes have failed.

The law of the market, which has become more pronounced over the recent years, has further weakened African economies and States vis-à-vis the large multinational groups which pursue monopolizing agrarian and mining resources policies among others, in order to secure their own productions in the long term. This policy is of course not exclusive to Africa; however, it is more present on the continent. By

7 cartes et autant d'enjeux sécuritaires majeurs et transfrontaliers qui, aujourd'hui, notamment du fait du terrorisme transnational, fondent la géopolitique internationale sans encore apporter de réponses claires. Et on se penchera enfin sur l'état des économies africaines, au regard des données macroéconomiques.

La déclinaison des situations en 84 cartes et monographies permet aussi de mieux comprendre les dynamiques en cours sur un continent qui conserve malgré les aléas, sa capacité de fascination et d'imagination. En cela, l'Atlas géopolitique 2020 vient à point nommé, au moment où les crises identitaires, territoriales, économiques, sociales, climatiques ou sanitaires se multiplient et se conjuguent pour nous imposer un recul nécessaire et, il faut le souhaiter, salutaire.

L'Afrique n'est pas exempte des bouleversements du monde. Elle en est, à bien des égards, la caisse de résonnance. La mondialisation qui s'est imposée avec l'impact que l'on sait, contraint l'Afrique à innover tant la preuve a été faite que toutes les coûteuses recettes miracles importées et imposées ont échoué.

La loi du marché qui s'est accentuée ces dernières années a fragilisé davantage les économies et les Etats africains vis-à-vis des doing so, these multinationals are appropriating whole branches of third world countries economies without transparency or accountability, along with important capital outflow. This predation, which can take on the deceptive appearance of "donors' tours", is detrimental to future generations, which are quite significant on a continent where population growth is still considerable.

In this race to anticipation, it pertains to Africa to give herself the means of her important assets and to organize, for the next fifty years, the control of investments and the management of her resources.

To achieve this, it is necessary to have a vision, a will, economic accounting and legal instruments of good governance that are known and whose impact would be sociologically measurable. This implies forgoing a management that is still too often nebulous and fragmented to apply proven, known and controlled mechanisms of good governance.

In this sense, the rise of digital technology opens up a wide range of possibilities. It has enabled a qualitative leap in modernity and the identification of functions and practices distinguishing the continent. In this field, Africa has quality human resources and the Digital

grands groupes multinationaux qui mènent des politiques d'accaparement des ressources agraires et minières, entre autres, pour sécuriser, sur le long terme, leur propre production. Certes, cette politique n'est pas exclusive envers l'Afrique, mais elle y est plus massive. Ce faisant, ces multinationales s'arrogent des pans entiers de l'économie d'Etats tiers sans transparence ni redevabilité, tout en délocalisant leurs profits. Cette prédation qui peut prendre l'allure trompeuse de "donateurs tours" est préjudiciable aux générations futures, et ce n'est pas rien sur un continent dont la croissance démographique est encore importante.

Dans cette course à l'anticipation, c'est à l'Afrique de se donner les moyens de ses atouts considérables et d'organiser pour les cinquante prochaines années, le contrôle des investissements et la gestion de ses ressources.

Pour y parvenir il est nécessaire d'avoir à la fois, une vision, une volonté et des instruments économiques, comptables, juridiques de bonne gouvernance connus et dont l'impact serait mesurable sociologiquement. Cela implique de sortir d'une gestion encore trop souvent nébuleuse et parcellaire pour appliquer des mécanismes de bonne gouvernance éprouvés, connus et contrôlés.

appears as a potential vector of transparency and inclusion.

The human cost of the absence of appropriate forward-looking governance would be considerable in the long run. The setbacks inflicted on us by the recent Covid-19 health crisis prove that although borders exist, their impermeability is not a panacea.

Choosing or agreeing to govern is not neutral. It is a public responsibility and obliges those who commit to it.

By deciding to offer this Atlas documented with several certified sources, Stake experts chooses Afro realism and leave it to the reader to make his/her own projections and to draw his/her own conclusions. This choice is not neutral: instead of asserting certainties, they trust the potential intelligence of Mankind and put him face to his choices and responsibilities. This book is for everyone an invitation to analyze as well as a prelude to enlightened action.

It is a reliable reference tool that is rich enough to contextualize the investment environment and conditions, to anticipate and limit risks, to optimize potential, simply put in a word, to dare!

L'essor du Numérique, à cet égard, ouvre un large champ des possibles en ce qu'il a permis de faire un saut qualitatif dans la modernité et d'identifier des fonctions et des usages spécifiques au continent. Dans ce domaine, l'Afrique dispose de ressources humaines de qualité et le Numérique apparaît comme un vecteur de transparence et d'inclusion.

Le coût humain de l'absence de gouvernance prévisionnelle adaptée, serait à terme, considérable. Les revers que nous inflige la récente crise sanitaire du Covid 19, prouvent bien que si les frontières existent, leur étanchéité n'est pas la panacée.

Choisir ou accepter de gouverner n'est pas neutre. C'est une responsabilité publique. Elle oblige ceux qui s'y adonnent.

En décidant de proposer cet Atlas documenté à partir de plusieurs sources certifiées, Stake experts choisit l'Afro réalisme et laisse le soin au lecteur de faire ses projections et de tirer ses propres conclusions. Ce choix n'est pas neutre : au lieu d'affirmer des certitudes, il fait confiance au potentiel d'intelligence de l'Homme et le met face à ses choix et à ses responsabilités. Cet ouvrage est pour chacun(e) une invitation à l'analyse autant qu'un prélude à l'action éclairée.

Il s'agit d'un outil de référence fiable et

Mireille Eza
Jurist, Public Law

***Mireille Eza** is a jurist in public international law. She has been conducting capacity building and cooperation activities for governments and parliaments around the world for some twenty years, especially on the African continent, in Asia and the Indian Ocean. She has previously led several regional and multilateral programs in Dakar for United Nations agencies such as the Economic Commission for Africa, UNDP, UNESCO and UN Women. Today, Mireille Eza is particularly interested in the applications and challenges of digital technology in institutional governance.*

suffisamment riche pour contextualiser l'environnement et les conditions des investissements, en anticiper les risques et les circonscrire, optimiser les potentiels, pour en un mot, oser !

Mireille Eza
Juriste, Droit Public

***Mireille Eza** est Juriste en droit international public. Elle conduit depuis une vingtaine d'années des actions de coopération en matière de renforcement des capacités des exécutifs et des parlements du monde, notamment en Afrique en Asie et dans l'océan indien. Elle a précédemment dirigé à Dakar plusieurs programmes régionaux et multilatéraux pour des institutions des Nations-Unies telles que la Commission économique pour l'Afrique, le PNUD, l'UNESCO ou ONU Femmes. Mireille Eza s'intéresse plus particulièrement aujourd'hui aux applications et enjeux du numérique dans la gouvernance institutionnelle.*

Foreword from the managing editor

Mot du directeur d'édition

Laying down the foundation of Stake experts in December 2016 was the culmination of several years of reflection and questioning about how International Organisations (IOs), International non governmental organisations (INGOs) and private sector companies comprehended and forecasted the political and security risk on the African continent. The security situation has become particularly unpredictable and a source of all kinds of speculations in many African countries. Significantly growing terrorist activity in the Sahel since at least 2012 has turned large areas of Mali, Burkina Faso and Niger into security red zones. In the central African region, political instability not only in the Central African Republic, but also in the Democratic Republic of The Congo or in Burundi, increases borders' uncertainty, populations' vulnerability and creating conflicting ecosystems, which in the end are only (and barely) viable for combatant groups

La création de Stake experts en décembre 2016 a été l'aboutissement de plusieurs années de réflexions et d'interrogations sur la façon dont les Organisations internationales, OING et entreprises du secteur privé comprenaient et anticipaient le risque politique et sécuritaire sur le continent africain. Dans de nombreux pays du continent, le contexte sécuritaire est devenu particulièrement incertain, et source de spéculations de tous ordres. L'activité terroriste importante – et croissante depuis 2012 au moins – dans le Sahel, a transformé de vastes régions au Mali, au Burkina Faso et au Niger, en zones rouges, d'un point de vue sécuritaire. En Afrique centrale, l'instabilité politique en République centrafricaine, mais aussi en République démocratique du Congo ou au Burundi, renforce l'incertitude des frontières, la vulnérabilité des populations, et installe des écosystèmes conflictuels, viables seulement (et à peine) pour and militias.

This situation of high political and security volatility constantly overburdens decision-makers with growing constraints, whether they act on behalf of IOs, INGOs or on behalf of the private sector. On the one hand, they must pursue their actions and meet the needs of the growing vulnerable local populations, while supporting development efforts, strengthening the protection of the most vulnerable, creating jobs and continuing to sustain economic life, but on the other hand, they have to emphatically wonder at what price these could be achieved.

I wish the news for the upcoming decade were more positive. However, it is difficult not to be cautiously optimistic, as the context at the end of 2019 is such that the ongoing turbulence across the continent is constant.

The intermittent discontinuation of INGOs' activities (Médecins sans Frontières in some areas of Nigeria, or the International Red Cross in northern Mali cities among others) between 2018 and 2019, shows that decision makers themselves are having a cautious approach.

Terrorist groups in the Sahel region and the Lake Chad Basin especially, are increasingly targeting humanitarian workers or employees of the private sector. The latters are victims of

les groupes combattants et milices.

Cette situation de forte volatilité politique et sécuritaire soumet constamment les décideurs à un régime de contraintes croissantes, qu'ils agissent pour le compte d'Organisations internationales, d'OING ou dans le secteur privé. D'un côté, ils doivent poursuivre leurs actions et répondre aux besoins des populations locales de plus en plus démunies, accompagner les efforts de développement, renforcer la protection des couches les plus vulnérables, ou créer des emplois et continuer d'animer la vie économique. De l'autre, et sans doute pour la première fois dans certaines régions, la question se pose désormais avec plus d'insistance : à quel prix ?

J'aurais aimé apporter de bonnes nouvelles pour la décennie qui commence. Il est cependant difficile de ne pas avoir l'optimisme prudent, tant le contexte de la fin de l'année 2019 témoigne de la constance des turbulences en cours, à travers le continent.

La cessation par intermittence entre 2018 et 2019, des activités d'ONG internationales telles que Médecins sans Frontières dans certaines régions du Nigeria, ou la Croix-Rouge Internationale dans des villes du nord du Mali entre autres, démontre que les décideurs eux-mêmes adoptent une posture de prudence. Les kidnappings, murders, and or plundering of resources (food aid or medicines) intended for vulnerable populations. Decision making has never been affected by so many constraints, uncertainties and stresses in the African context.

Stake experts was founded and still exists to alleviate these constraints and uncertainties, as well as the stress of decision-making in these hostile and or uncertain security contexts. The skills and expertise we bring have been shaped and integrated to form a comprehensive and multidisciplinary system of decision-making support tools in volatile security contexts across the African continent. Our area of interest is exclusively Africa in all its geographies and sociologies. This is why our political and security risk analysis, security risk monitoring and custom-made training offers are based on two fundamental pillars: the continuous presence of our consultants on the African continent, and the constant research and investigation of the evolution of security's dynamics on the continent.

Hence, the African Geopolitical ATLAS aims to provide decision-makers, and Stake experts' partners and customers with a snapshot of the geopolitical changes taking place on the continent over the past two years. In this regard the first edition which I am pleased to introduce

groupes terroristes, notamment dans la région du Sahel et dans le Bassin du Lac Tchad, s'en prennent de plus en plus aux agents humanitaires, ou à des employés du secteur privé. Ceux-ci sont victimes d'enlèvements, de meurtres, ou de pillages des ressources (aide alimentaire ou médicaments) destinées aux populations vulnérables. Décider, en contexte africain, n'a jamais été soumis à autant de contraintes, d'incertitudes et de stress.

Stake experts est né et existe pour alléger ces contraintes et incertitudes, ainsi que le stress lié à la prise de décision dans ces contextes sécuritaires hostiles ou incertains. Les compétences et l'expertise que nous apportons ont été modelées et intégrées pour constituer un système complet et multidisciplinaire d'outils d'aide à la décision en contexte sécuritaire volatile, sur le continent africain. Notre zone d'intérêt est exclusivement l'Afrique dans toutes ses géographies et sociologies. C'est pourquoi notre offre, l'analyse du risque politique et sécuritaire, la veille sécuritaire et les formations sur mesure, s'appuie sur deux piliers fondamentaux : d'une part la présence continue de nos consultants sur le continent africain, et d'autre part la recherche et l'étude constante de l'évolution des dynamiques sécuritaires sur le comes as ways of seeing Africa in this new decade. In fact, 84 outlooks have been artfully conceived to inform your understanding of the continent. I hope that the maps presented in this volume will be read and interpreted as aspects of a highly complex reality, and on which the Stake experts team has applied selective simplification to come up with useful benchmarks to facilitate decision-making.

To conclude I would like to use this opportunity to renew my gratitude to the entire team involved in the preparation of this volume. I would particularly like to thank Pauline Le Roux, guest author in this volume. She has agreed to join her perception of Africa to ours at the dawn of 2020. I would also like to offer a word of thanks to Mireille Eza for her invaluable support, and for the enthusiasm with which she agreed to write the foreword this volume.

At the beginning of this new 2020 decade, the whole Stake experts team and myself are happy to unveil these 84 outlooks of Africa to you.

Claude Biao

Senior Political and Security Analyst

continent.

À ce titre, l'ATLAS Géopolitique Africain a pour ambition d'offrir aux décideurs, partenaires et clients de Stake experts, un instantané des changements géopolitiques en cours sur le continent, pendant les deux années écoulées. Cette première édition 2020 que j'ai le plaisir de vous présenter, intervient à cet égard comme une manière de voir l'Afrique dans la décennie qui commence. 84 manières pour être exact. J'espère que les cartes présentées dans ce volume seront lues et interprétées comme autant de facettes d'une réalité hautement plus complexe, et sur lesquelles l'équipe de Stake experts a appliqué une simplification sélective pour vous apporter des repères utiles à la prise de décision.

Je voudrais pour finir, renouveler ici mes sincères remerciements à toute l'équipe qui a pris part à la préparation de ce volume. Je remercie en particulier Pauline Le Roux, auteure invitée dans ce volume, qui a accepté d'apporter sa perspective de l'Afrique telle que nous l'abordons en 2020. Je remercie également Mireille Eza pour son soutien inestimable, et l'enthousiasme avec lequel elle a accepté de proposer la préface de ce volume.

Au début de cette nouvelle décennie, toute

l'équipe de Stake experts et moi-même sommes heureux de vous proposer ici ces 84 manières de voir l'Afrique en 2020.

Claude Biao

Analyste principal, politique-sécurité

Concept and Methodology
Concept et Méthodologie

The African Geopolitical ATLAS is a periodical publication edited every five years by Stake experts. Its main objective is to provide decision-makers, as well as Stake experts' partners and customers with a snapshot of the geopolitical changes taking place on the continent over the preceding years.

This first 2020 edition of the volume covers the *2018-2019* year span. The *idea* is to gather *84* thematic maps intended to report on the state of the continent's geopolitics at the end of the aforementioned period of time. Therefore, the editing team focuses on the decision-making value of the mapped data, i.e. their capacity to provide the essential elements for an informed decision on the studied themes. In this regard, it is a policy-oriented publication that draws, whenever necessary and possible, on the techniques and findings of research to provide useful benchmarks for decision-making.

L'ATLAS géopolitique africain est une publication périodique éditée tous les cinq ans par Stake experts. Il a pour objectif principal d'offrir aux décideurs, partenaires et clients de Stake experts, un instantané des changements géopolitiques en cours sur le contient pendant la période écoulée.

Cette première édition 2020 du volume, couvre la période 2018-2019. Le concept est celui d'une *collection* de *84* cartes thématiques destinées à rendre compte de l'état de la géopolitique continentale au bout de ces deux années. Aussi, l'équipe d'édition s'attache en priorité à la valeur décisionnelle des données cartographiées, c'est-à-dire à leur capacité à fournir les éléments essentiels pour une décision éclairée sur les thématiques choisies. Il s'agit à ce titre, d'une publication orientée politiques publiques, qui s'inspire lorsque cela est nécessaire et possible, des techniques et acquis de la recherche pour apporter des repères utiles

Data – sources and collection

Since its inception in 2016, Stake experts has based an important part of its strategy on the physical presence of observers in countries/areas of interest across the African continent. This network of observers is one of the main resources used in the collection of data for this volume.

During the two years covered by this edition, our country observers collected and processed data from a variety of sources. These data constitute the main raw materials of the ATLAS (in particular of its third part which comprises country maps). At this (national) level the sources can be divided into two types:

- *Primary sources:* government policy documents, country reports, interviews with government and civil society actors or witnesses/victims, review of investigation reports (where available) following major security events.
- *Secondary sources:* information collected from local media (radio, news papers, and social media), comments from opinion leaders, political leaders, activists or interest groups.

At the regional and international level, Stake experts rely mainly on reports, briefings, case

à la prise de décision.

Les données – sources et collecte

Depuis sa création en 2016, Stake experts fonde une partie importante de sa stratégie sur la présence physique d'observateurs dans les pays/zones d'intérêt à travers le continent africain. Ce réseau d'observateurs constitue l'une des ressources principales mises à profit dans la collecte des données destinées à alimenter ce volume.

Au cours des deux années couvertes par la présente édition, nos observateurs pays ont collecté et traité des données issues de diverses sources. Ces données traitées et compilées, constituent la principale matière première de l'ATLAS (en particulier de sa troisième partie qui se compose de cartes pays). A ce niveau (national), les sources se divisent en deux types :

- *Les sources primaires :* documents gouvernementaux de programmation, rapports nationaux, interviews avec des acteurs gouvernementaux, de la société civile ou des témoins/victimes, étude de rapports d'enquêtes (lorsqu'ils sont disponibles) suite à des événements sécuritaires majeurs studies and other internal strategic documents produced by its teams during the two years covered on the one hand, and on the other hand on open resources from specialized organizations (World Bank, WTO, UN, Foundations and research organizations etc.).

Data – definition and processing

Defining and processing the mapped data requires giving a decision-making value to the collected raw data, in accordance with the objective of the ATLAS. Raw data necessarily goes through a process of simplification in order to meet the needs for their representation. The concept of an Atlas – a collection of thematic maps here – is subject to the fundamental constraints linked to the simplified two dimensional representations on a flat support of a much more complex reality. This is expressed in three physical dimensions and in multiple sociological and political dimensions. On the one hand, these constraints imply above all a rigorous arbitration of the standards or methods of simplification adopted, and on the other hand, they require the translation of these standards into statistical data that each map reflects.

In order to make the choice of the data

- *Les sources secondaires :* informations collectées auprès de médias locaux, commentaires de leaders d'opinion, leaders politiques, activistes ou groupes d'intérêt.

Au niveau régional et international, Stake experts s'appuie essentiellement sur les rapports, briefings, études de cas, autres documents stratégiques internes produits par ses équipes au cours des deux années couvertes d'une part, et sur les ressources ouvertes issues d'organismes spécialisés (Banque mondiale, OMC, ONU, Fondations et organismes de recherche ...etc), d'autre part.

Les données – définition et traitement

L'étape de la définition et du traitement des données cartographiées, consiste à attribuer aux données brutes collectées, une valeur décisionnelle, conformément à l'objectif de l'ATLAS. Les données brutes passent nécessairement par un processus de simplification, afin de satisfaire aux besoins de leur représentation sur des cartes. Le concept, celui d'un Atlas – une collection de cartes thématiques ici – est soumis aux contraintes fondamentales de ce choix éditorial, liées à la représentation simplifiée sur support plat en simplification method, Stake experts sets a clear guideline: the decision-making value of the final information to be mapped. In other words, our method of simplifying the complex data represented in the maps in this ATLAS is to answer the following question: does the chosen and selected information lead to the making of an informed decision over a specific question or problem? An answer by the affirmative would stimulate the choice to focus on the accuracy of that particular chosen information.

Thus, two interdependent factors inform this analysis: on one side the definition of the indicator which is mapped, and the value of this indicator in a corpus of decision-making parameters on the other side. This is why the technical team has chosen to add an "Index of definitions" at the end of the volume. This makes it possible to clearly delineate the measurements adopted for each indicator, to capture their scope along with their limitations, and thus to understand the data represented by the maps under a dynamic decision-making perspective. Stake experts strongly advise the reader to use this index as often as necessary, in order to have a constant up-to-date view and understanding of the maps in this volume.

deux dimensions, d'une réalité beaucoup plus complexe, qui s'exprime en trois dimensions physiques et en de multiples dimensions sociologiques et politiques. Ces contraintes impliquent avant tout un arbitrage rigoureux sur les normes ou méthodes de simplification adoptées d'une part, et sur la traduction de ces normes dans la formulation des données statistiques que reflète chaque carte.

Pour effectuer cet arbitrage sur la méthode de simplification des données, Stake experts s'est fixé une ligne directrice précise : la valeur décisionnelle de l'information finale destinée à être cartographiée. En d'autres termes, notre méthode de simplification des données complexes représentées dans les cartes du présent ATLAS, revient à répondre à l'interrogation suivante : l'information choisie et représentée permet-elle d'aboutir à une décision plus éclairée ? À laquelle une réponse par l'affirmative entraîne le choix de privilégier la précision de cette information en particulier.

Deux facteurs interdépendants guident donc ce traitement : la définition de l'indicateur cartographié d'un côté, et la valeur de cet indicateur dans un corpus de paramètres liés à la prise de décision. C'est pourquoi l'équipe technique a fait le choix d'ajouter en fin de

Organization of the volume

The African Geopolitical ATLAS is divided into three main parts. The first is comprised of sixteen maps exploring Africa at the continental level. It exposes a global view of comparative physical (territories), economic and demographic data at the continental level. The fourteen maps in the second section demonstrate an approach which thoroughly examines regional and cross-border security dynamics. This section explores the continent's major regional groups: the RECs (Regional Economic Communities) in order to adequately set the regional context (geopolitical, but also economic and normative) in which these security dynamics are unfolding. Finally, the third part of this first ATLAS examines each country on the continent from a specific security perspective. Each of the fifty-four maps in this section, one map per country, outlines basic physical and demographic data for each country on the continent. They also provide a threefold analysis of essential characteristics which are related to the countries' security environment (security-related spatial features) over the period covered (2018-2019). These characteristics are:

- the density of populated areas
- security zones (red, grey),

volume, un Index des définitions qui permet de bien délimiter les mesures adoptées pour chaque indicateur, de saisir leur étendue et leurs limites, et ainsi de comprendre les données représentées par les cartes dans une dynamique de prise de décision. Stake experts conseille vivement au lecteur de recourir aussi régulièrement que nécessaire à cet index, pour avoir une grille de lecture des cartes présentes dans ce volume.

Organisation du volume

L'ATLAS Géopolitique Africain est divisé en trois grandes parties. La première partie comporte seize cartes explorant l'Afrique au niveau continental. Elle présente une vue globale de données comparatives physiques (territoires), économiques et démographiques, au niveau continental. Dans les quatorze cartes que contient la deuxième partie, l'approche consiste à examiner les dynamiques sécuritaires régionales et transfrontalières en détail. Cette partie opère un détour nécessaire sur les grands ensembles régionaux du continent, les CER (Communautés économiques régionales), afin de mieux implanter le contexte régional (géopolitique, mais aussi économique et normatif) dans lequel ces dynamiques sécuritaires se déploient. Enfin, la

- and fighters' demographics.

These features are supplemented in some cases by so-called special zones. These are utility areas by nature, whose function has changed or changes seasonally due to the activities of some security actors. This is the typical example of natural parks and forest areas in some Western and Central African countries, and of mountain massifs in North Africa and the Horn of Africa... when the latters are used as rear bases or fallback areas by armed criminal or terrorist groups. More elaborated definitions of these three security-related spatial characters are detailed in the Index of Definitions.

Moreover, each of the first two parts begins with an introductory chapter aimed at giving the floor to specialists/practitioners of the subjects dealt with by the ATLAS. These chapters are therefore not summaries of the part they introduce. The focus remains first and foremost that of the specialist, intended to reflect the diversity of perspectives related to the ATLAS topics.

In this first edition of the African Geopolitical ATLAS, Stake experts is pleased to offer the reader, 84 geographical and thematic maps to capture a snapshot of the geopolitics of the continent in 2018 and 2019, and the security

troisième partie examine chaque pays du continent sous l'angle spécifiquement sécuritaire. Chacune des cinquante-quatre cartes de cette partie, soit une carte par pays, présente les données physiques et démographiques de base pour chaque pays du continent, et offre une plongée analytique sur trois caractéristiques essentielles de leur environnement sécuritaire (caractères spatiaux sécuritaires), telles que recueillies et analysées par Stake experts au cours de la période couverte (2018-2019). Il s'agit:

- de la densité des zones habitées
- des zones sécuritaires (rouge, grise),
- et de la démographie combattante.

À ces caractères, s'ajoutent dans certains cas, des zones dites spéciales. Il s'agit de zones d'utilité par nature, dont la fonction a changé ou change de façon saisonnière, en raison des activités auxquelles certains acteurs sécuritaires peuvent les affecter. C'est l'exemple typique des parcs naturels et espaces forestiers dans certains pays d'Afrique de l'Ouest et centrale ; ou des massifs montagneux en Afrique du Nord et dans la Corne de l'Afrique... lorsqu'elles sont utilisées comme bases arrière ou espaces de repli par des groupes armés criminels ou terroristes. Les définitions complètes de ces trois caractères spatiaux sécuritaires sont détaillées dans l'Index dynamics that should inform the action of decision-makers. More than just maps, it is about 84 outlooks of Africa in 2020.

des Définitions.

Par ailleurs, les deux premières parties débutent chacune par un chapitre introductif ayant pour objectif, de donner la parole à des spécialistes/praticiens des sujets traités par l'ATLAS. Ces chapitres ne constituent donc pas des résumés de la partie qu'ils introduisent. Le propos reste avant tout celui du spécialiste, destiné à rendre compte de la diversité des perspectives liées aux sujets de l'ATLAS.

Au total, dans cette première édition de l'ATLAS Géopolitique Africain, Stake experts est heureux d'offrir au lecteur, 84 cartes géographiques et thématiques permettant de capturer un instantané de la géopolitique du continent en 2018 et 2019, et des dynamiques sécuritaires qui devraient guider l'action des décideurs. Plus que des cartes, il s'agit davantage de 84 manières de voir l'Afrique en 2020.

Technical specifications
Spécifications techniques

For the sake of simplicity and readability, the maps published in this edition of the Geopolitical ATLAS of Africa adopt identical technical specifications, as indicated below:

CSR: WGS 84 (EPSG: 4326)
Scale: variable (indicated for each map)
Georeferencing coordinates: Degree, Minutes, and Seconds with Suffixes
Coordinate accuracy: 3
Grids: Line
Grid interval: Map unit
Sources: variable (see Source Index), computations on open source data by Stake Experts, Data collected on the field

Par souci de simplicité et de lisibilité, les cartes publiées dans cette édition de l'ATLAS Géopolitique Africain adoptent des spécifications techniques identiques, telles qu'indiquées ci-dessous :

SCR : WGS 84 (EPSG: 4326)
Echelle : variable (indiquée pour chaque carte)
Coordonnées de géoréférencement : Degré, Minutes, Secondes avec Suffixes
Précision des coordonnées : 3
Grilles : Continues
Intervalle des grilles : Unité de carte
Sources : variables (voir l'Index des sources), calculs de Stake experts issus de données open source, données collectées sur le terrain

WARNING:

The boundaries, administrative boundaries, place names, and state control areas, as defined on all maps in this ATLAS may be approximate, and do not reflect neither the political opinion of Stake Experts nor the opinion of its staff.

The use of disputed territories' flags is only for illustration purpose, and does not reflect neither the political opinion of Stake Experts nor the opinion of its staff.

AVERTISSEMENT :

Les frontières, limites administratives, noms de lieux, et zones de contrôle étatiques, telles que définies sur l'ensemble des cartes de cet ATLAS peuvent être approximatives, et ne reflètent pas l'opinion politique de Stake experts, ni celle de son personnel.

L'utilisation des drapeaux de territoires disputés sert un but seulement illustratif, et ne reflète ni l'opinion politique de Stake experts, ni celle de son personnel.

PART - I
PARTIE - I

Introductory Chapter
Chapitre Introductif

Continental geopolitical context: tensions from *inside* and *outside*
Contexte géopolitique du continent : les tensions du *dedans* et du *dehors*

Pauline Le Roux

The opinions and analyses in this chapter only represent the opinion of their author and do not reflect neither the political opinion of Stake experts nor that of any other organization.

Les opinions et analyses exprimées dans ce chapitre représentent uniquement l'opinion de leur auteur, elles ne sauraient être interprétées comme une prise de position politique de Stake experts, de son personnel, ou de tout autre organisme.

2020's Africa is certainly not the Africa of the 1990s. Fundamental operating trends have deeply contributed to the reshaping of the African image on political, security, demographic and economic aspects over the last decades. Under the influence of political, social, technological and of climatic changes these trends have hastened during the recent years. Besides, the African continent is still confronted to ills, among which particularly stand security and stability. A lot of African countries are currently confronted to deteriorated security situations. In 2019 the Armed Conflict Location & Event Data Project (ACLED) described the Sahel region as the "geopolitical dilemma of the year". In their 2020 ranking of the ten conflicts to be monitored three African regions are included: the Sahel, Somalia, and Ethiopia.

L'Afrique de 2020 n'est certes pas celle de 1990. Au cours des dernières décennies, des tendances de fond déjà à l'œuvre ont contribué à remodeler profondément le visage du continent tant sur les aspects politiques et sécuritaires que démographiques et économiques. Sous l'influence des évolutions politiques, sociales, technologiques et climatiques, ces changements se sont accélérés ces dernières années et le continent africain fait aujourd'hui face à une myriade de défis, au premier rang desquels la sécurité et la stabilité. Or, nombre de pays africains font actuellement face à des situations sécuritaires détériorées. En 2019, l'ONG Armed Conflict Location & Event Data Project (ACLED) classait ainsi le Sahel en tant que « dilemme géopolitique de l'année ». Dans le classement 2020 du même organisme, trois régions africaines figurent dans le classement des dix conflits à surveiller : le Sahel, la Somalie et

Progress undermined by persistent and lasting conflicts

In spite of its economic and industrial progress the African continent continues to face harms that partially undermine the efforts needed for development matters: violence by armed terrorist groups, inter-ethnic tensions, political and electoral violence, and increased competition over natural resources the latter increasing as the scarcity of natural resources caused by climate change accelerates. In several regions of the continent, tensions between communities have emerged as a result of increasing pressure on arable and grazing land and have escalated into increasingly deadly land conflicts, aggravated and often provoked by armed groups such as in the Kivus regions of the Democratic Republic of Congo (DRC), Nigeria or Ethiopia. In the Sahel, the Horn of Africa, the Lake Chad Basin and Libya, the rise of jihadist destabilization has taken on a particularly worrying dimension over the last ten years. Such violence has often taken the form of armed insurgencies against the states, in northern and then central Mali, in northern and eastern Burkina Faso, in Somalia or even more recently in northern Mozambique. Despite important consented investments by the

l'Ethiopie.

Des progrès minés par la persistance de conflits durables

En dépit de ses avancées en matière économique et industrielle, le continent africain continue de faire face à des maux qui minent en partie les efforts déployés en matière de développement : violences des groupes armés terroristes, tensions interethniques, violences politiques et électorales, compétition accrue autour des ressources naturelles ; cette dernière s'accroissant au fur et à mesure que la raréfaction des ressources naturelles provoquée par le changement climatique s'accélère. Dans plusieurs régions du continent, les tensions entre communautés sont apparues en raison de la pression croissante sur les terres arables et les pâturages, et ont dégénéré en conflits fonciers de plus en plus meurtriers, aggravés et souvent provoqués par l'action des groupes armés, comme dans les régions des Kivus en République démocratique du Congo (RDC), au Nigéria ou en Ethiopie. Au Sahel, dans la Corne de l'Afrique, dans le bassin du Lac Tchad ou en Libye, l'essor des foyers de déstabilisation djihadiste a pris une dimension particulièrement inquiétante au cours international community not only in training, equipment and development projects, but also the financial resources used in expensive military intervention, the security situation remains extremely unsettling in the Sahel-Saharan strip around Lake Chad, in Libya and Somalia, where terrorist groups control large parts of the territory they directly manage.

In some cases, the weak presence of the State administration along with bad governance translated into corruption, nepotism, social and economic injustice cases, continuation of authoritarian practices, combined to abuses and atrocities committed by defense and security forces, favors the development of armed groups adopting an insurrectionary strategy coupled to an extremist vision of Islam. As a corollary to the perpetuation of deadly conflicts and the emergence of new large-scale terrorist violence hotbeds, the number of displaced persons and refugees is still increasing on the African continent. Whereas up to recently, the DRC and Somalia had the highest number of internally displaced persons (over 250,000), the extremely rapid deterioration of the humanitarian situation in the Sahel is a matter of serious concern to the international community. In the G5 Sahel countries[1], 4.2 million people are in need of

des dix dernières années. Ces violences ont, bien souvent, pris l'allure d'insurrections armées contre les Etats centraux, dans le nord puis le centre du Mali, au nord et à l'est du Burkina Faso, en Somalie ou même plus récemment dans le nord du Mozambique. En dépit d'investissements majeurs consentis par la communauté internationale en matière de formation, d'équipements et de projets de développement, sans compter les ressources financières employées dans de coûteuses interventions militaires, la situation sécuritaire reste très préoccupante dans la bande sahélo-saharienne, dans le pourtour du Lac Tchad, en Libye et en Somalie, où les groupes terroristes contrôlent de vastes portions de territoire qu'ils administrent directement.

Dans certains cas, la faible présence de l'Etat central et la mauvaise gouvernance se traduisant par des pratiques de corruption, népotisme, injustices économiques et sociales, perpétuation de pratiques autoritaires, combinée à des pratiques d'abus et d'exactions de la part des forces de défense et de sécurité, produit un terreau favorable à l'essor de ces groupes armés utilisant une stratégie insurrectionnelle alliée à une vision extrémiste de l'islam. Corollaire de la perpétuation de conflits meurtriers et de food assistance; more than 3,000 schools are closed in the three central Sahel countries (Mali, Niger, Burkina Faso); and by late spring 2020 nearly one million Burkinabe will have been forced to leave their homes. Although the number of refugees and displaced persons in the world reached a 70 million record in 2018, several million refugees come from African countries (Sahel, Somalia, DRC, Ethiopia, South Sudan), or find refuge in host countries (Uganda, Sudan).

As an illustration of the security efforts made by the international community and in particular the United Nations, Africa still hosts 8 peace operations today, as well as the superlatives frequently associated with them. Thus, the MINUSMA in Mali holds the sad record of the deadliest, while the MONUSCO is the most expensive of all (more than a billion dollars a year). MINURSO has been present in Western Sahara since 1991 (with some 400 personnel) and UNMISSA, UNMIS, and UNIFSA were all established in the 1990s. Far from the promise of early resolution of bloody conflicts that accompanied the deployment of these missions, they remain subject to severe operational restrictions (mostly imposed by their national chain of command), and are therefore mired in

l'apparition de nouveaux foyers de violences terroristes à grande échelle, le nombre de déplacés et de réfugiés ne diminue pas sur le continent africain. Alors que, jusqu'à récemment, la RDC et la Somalie concentraient le plus grand nombre de déplacés internes (plus de 250 000), la dégradation extrêmement rapide de la situation humanitaire au Sahel suscite les vives inquiétudes de la communauté internationale. Dans les pays du G5 Sahel[1], 4,2 millions de personnes ont besoin d'une assistance alimentaire; plus de 3000 écoles sont fermées dans les trois pays du Sahel central (Mali, Niger, Burkina Faso); et, à la fin du printemps 2020, près d'un million de Burkinabè qui auront été forcés de quitter leur domicile. Alors que le nombre de réfugiés et déplacés dans le monde a atteint un record de 70 millions en 2018, plusieurs millions de réfugiés viennent de pays africains (Sahel, Somalie, RDC, Ethiopie, Soudan du Sud), ou trouvent refuge dans des pays d'accueil (Ouganda, Soudan).

Illustration des efforts déployés en matière sécuritaire par la communauté internationale et notamment les Nations unies, l'Afrique accueille encore aujourd'hui 8 opérations de paix, ainsi que les superlatifs qui y sont fréquemment associés. Ainsi, la MINUSMA au Mali détient la asymmetric conflicts, where the distinction between civilians and combatants is often difficult to make because of the fighters' cover-up techniques. Wherever they are, these missions nevertheless bring a semblance of stability; they help to alleviate some of the suffering of populations in areas where civilians pay a heavy price for the particularly violent clashes between the various armed groups. Through their presence, these thousands of peacekeepers are trying to avoid the worst despite their own inadequacies and the increasing criticism to which they are subjected to.

As for the African Union, it intends to play a leading role in peacekeeping on the continent. Its stated objective of "Silencing the guns" and the ambitions listed in Agenda 2063 consequently confer an important place to conflict resolution. The operationalization of the African Peace and Security Architecture (APSA) and its main pillar the African Standby Force (ASF) represent in this respect a major challenge to the credibility of the AU. Nevertheless, the AU's capacity for action remains limited due to the lack of adequate and sustainable resources and the presence of structural weaknesses (accusations of corruption[2], mistrust and divisions among heads of state, etc.). Although the AU has

triste palme de la plus meurtrière, tandis que la MONUSCO est la plus chère de toutes (plus d'un milliard de dollars par an). La MINURSO est présente au Sahara occidental depuis 1991 (avec quelque 400 personnels) et la MINUSCA, la MINUSS, et l'UNIFSA, ont toutes été établies dans les années 2010. Loin des promesses de règlement rapide de conflits sanglants ayant accompagné le déploiement de ces missions, celles-ci demeurent soumises à des restrictions opérationnelles très fortes (la plupart du temps imposées par leur chaine de commandement national), et par conséquent sont enlisées dans des conflits asymétriques, où la distinction entre civils et combattants est souvent difficile à opérer en raison des techniques de dissimulation dont usent les militants. Là où elles sont présentes, ces missions apportent néanmoins un semblant de stabilité ; elles contribuent à adoucir un peu les souffrances des populations, dans des zones où les civils paient le prix fort des affrontements particulièrement violents qui opposent les différents groupes armés. Par leur présence, ces milliers de casques bleus s'efforcent, en dépit de leurs propres insuffisances et des critiques de plus en plus nombreuses dont ils font l'objet, d'éviter le pire.

L'Union Africaine entend quant à elle, jouer un

demonstrated that it can take on the role of mediator, particularly in the conflicts in Sudan and the Central African Republic, it will have to become more united and coherent if it really hopes to contribute to strengthening security on the continent.

Concomittantly, what is now regarded as the "African exception" in demographic terms remains a reality whose consequences will be inevitable. By 2050, a quarter of the world's population will be African and the associated challenges will have a potentially destabilizing acuity.

Demography, migration, population displacement: human challenges beyond the norm

Considered the "locomotive" of the continent, Nigeria has an estimated population of about 190 million, which is expected to grow to 410 million by 2050. However, such a large increase in population in such a short period of time entails considerable challenges. These challenges are economic, social (in terms of infrastructure to accommodate such an influx of citizens, for example), or institutional, given the possible political pressures arising from such a disruption

rôle de premier plan dans le maintien de la paix sur le continent. Son objectif affiché de « Faire taire les armes » et les ambitions listées à l'Agenda 2063, accordent ainsi une place importante à la résolution des conflits. L'opérationnalisation de l'Architecture africaine de paix et de sécurité (APSA) et de son principal pilier, la Force africaine en attente (FAA), représente à cet égard un défi majeur pour la crédibilité de l'UA. Néanmoins, la capacité d'action de cette dernière reste limitée en raison de l'absence de ressources adéquates et pérennes, et de faiblesses structurelles (accusations de corruption[2], méfiance et divisions entre chefs d'Etat, etc.) Si l'UA a démontré qu'elle pouvait endosser ce rôle de médiateur, notamment dans les conflits au Soudan et en Centrafrique, elle devra encore gagner en unité et en cohérence pour espérer réellement contribuer à renforcer la sécurité sur le continent.

Dans le même temps, ce qui est désormais regardé comme « l'exception africaine » sur le plan démographique, demeure une réalité dont les conséquences ne manqueront pas de se faire ressentir. En 2050, un quart de la population mondiale sera africaine et les défis associés se poseront avec une acuité potentiellement in the distribution of the country's overall population. Nigeria is closely followed by other demographic giants such as Egypt, Ethiopia and the DRC. The Sahelian countries, which are among the least densely populated on the continent, have some of the highest fertility rates in the world, such as Niger, where the birth rate has been fluctuating between 7.2 and 7.5 children per woman since 2016.

Africa is projected to have a population of 2.5 billion by 2050 and over 4 billion by 2100[3]. If today, 1 in 6 people live in Africa, it is estimated that by 2100, 40% of humanity will be African. Of course, these forecasts do not take into account possible breakthrough scenarios, such as a drastic reduction in birth rates as a result of very dynamic family planning policies, or a sudden increase in deaths linked to an epidemic or a major conflict, for example. But there is urgency: every year in Africa hundreds of thousands of young people join a labour market which progressively struggles to absorb and offer them attractive professional opportunities. In six years, 20,000 migrants, most of them Africans, have drowned while trying to cross the Mediterranean Sea; and while the real number of young people who have joined violent extremist groups remains difficult to estimate, all available data

déstabilisatrice.

Démographie, migration, déplacements de populations : des défis humains hors normes

Considéré comme la « locomotive » du continent, le Nigéria possède une population estimée à environ 190 millions d'habitants, qui devrait passer à 410 millions d'ici à 2050. Or, une augmentation aussi importante de la population dans un laps de temps aussi court, comporte des défis immenses, sur le plan économique, social (en termes d'infrastructures susceptibles d'accueillir un tel afflux de citoyens par exemple), ou encore sur le plan institutionnel, compte tenu des pressions politiques possibles suscitées par un tel bouleversement de la répartition de la population globale du pays. Le Nigéria est suivi de près par d'autres géants démographiques tels que l'Egypte, l'Ethiopie ou la RDC. Les pays du Sahel, parmi les moins densément peuplés du continent, connaissent quant à eux les taux de fécondité parmi les plus élevés au monde, à l'instar du Niger où le taux de natalité oscille entre 7,2 et 7,5 enfants par femme depuis 2016.

Les prévisions estiment que l'Afrique devrait compter 2,5 milliards d'habitants d'ici à 2050, et plus de 4 milliards en 2100[3]. Si aujourd'hui, 1 confirm a tendency for some marginalized young people, deprived of prospects for the future, to join these groups in order to find a job, a salary and social status.

Even if strong measures are adopted by States to curb this demographic dynamism, the population will continue to grow significantly for at least 40 or 50 years. Other challenges are likely to be multiplied tenfold by such demography: in addition to the lack of prospects and professional outlets, the overuse of natural resources, the lack of educational and health infrastructures or the unsuitability of the political and social fields to the arrival of young generations are as many risks that threaten African countries.

These major trends are already having major consequences, particularly in terms of habitat structuring in Africa. While in most African countries a majority of the population still lives in rural areas, the rural exodus that began in the 1970s has generated extremely rapid and often anarchic urbanization; cities have not adapted to accommodate these waves of people in satisfactory conditions. For urban populations, this has resulted in major difficulties in accessing basic public services, particularly public health services, an explosion of informal settlements and increased vulnerability to climatic

individu sur 6 habite en Afrique, on estime qu'en 2100, 40 % de l'humanité sera africaine. Certes, ces prévisions ne tiennent pas comptent d'éventuels scénarios de rupture, tels une réduction drastique de la natalité consécutive à des politiques très dynamiques de planning familial, ou une augmentation brutale des décès liés à une épidémie ou à un conflit majeur, par exemple. Mais il y a urgence : chaque année, en Afrique, des centaines de milliers de jeunes rejoignent un marché du travail qui peine de plus en plus à les intégrer et à leur offrir des débouchés professionnels attrayants. En six ans, 20 000 migrants, en grande partie africains, sont morts noyés en tentant de traverser la mer Méditerranée ; et, si le nombre réel de jeunes ayant rejoint des groupes extrémistes violents reste difficile à estimer, toutes les données disponibles confirment une tendance pour certains jeunes marginalisés, privés de perspectives d'avenir, à rejoindre ces groupes dans le but d'y trouver une activité professionnelle, un salaire, un statut social.

Même dans l'hypothèse de l'adoption de mesures fortes par les Etats pour endiguer ce dynamisme démographique, la hausse de la population se poursuivra de façon importante pendant au moins 40 ou 50 ans. D'autres défis phenomena (floods, landslides) and epidemics.

Climate change and Wealth inequality, Major Challenges

Nigeria, South Africa, Algeria and Egypt form the leading quartet of countries with the most dynamic economies on the continent. West Africa is a pole of dynamism: Nigeria, the continent's leading economic power, alone accounts for 66% of the regional GDP, Ghana 10% and Côte d'Ivoire 7%[4]. This growth is coupled with pollution's increase, a high deforestation and desertification rate, an intensive exploitation of land and wildlife. Together, these phenomena implied a rapid scarcity of natural resources in some areas while some regions experience a considerable impact of climate change: the Sahel region experienced a drought from the 1970s to the end of the 20th century with a duration and an intensity which are uncomparable. Currently, annual rainfall is 10-15% lower compared to the 1950s and 1960s' rain or wet season. This is the drawback of a persistent deficit in rainfall events during the monsoon season. In the spring of 2019, the south-eastern coast of Africa was hit by two successive, particularly violent cyclones (Idai and Kenneth), which destroyed entire regions of

risquent d'être décuplés par une telle démographie : outre le manque de perspectives et de débouchés professionnels, la surexploitation des ressources naturelles, le déficit d'infrastructures éducatives et sanitaires ou encore l'inadaptation des champs politique et social à l'arrivée de jeunes générations, sont autant de risques qui guettent les pays africains.

Ces tendances lourdes ont d'ores et déjà des conséquences majeures, notamment en termes de structuration de l'habitat en Afrique. Si, dans la plupart des pays africains, une majorité de la population vit encore dans les zones rurales, l'exode rural entamé dans les années 1970 a généré une urbanisation extrêmement rapide et souvent anarchique ; les villes n'ayant pas suivi une adaptation de façon à accueillir ces vagues de personnes dans des conditions satisfaisantes. Pour les populations urbaines, cela se traduit par des difficultés majeures d'accès aux services publics de base et notamment de santé publique, par une explosion de l'habitat informel et par une vulnérabilité accrue aux phénomènes climatiques (inondations, glissements de terrain) et aux épidémies.

Mozambique and Zimbabwe, causing human casualties. Other devastating climatic phenomena have seriously affected the African continent since the 1990s (severe drought in southern Africa caused by the El Niño climate phenomenon, major rains and floods in many regions, locust invasion in East Africa[5], etc.). At the current rate, these are likely to grow in number and intensity in the coming years.

Besides the consequences of climate change and rampant urbanization, the other major challenge worth mentioning is the unequal distribution of wealth in emerging African economies. This often aligns with a sharp increase in inequalities. Morocco, Rwanda, Congo-Brazzaville and Angola cases are actually insightful. In fact, this problem has become a national plague in countries such as South Africa, where the richest 10% own 70% of the country's wealth and half of the population continues to live with less than $5 spending a day[6], despite the advent of new policies since the official end of the apartheid regime and the birth of democratic rule in 1994. These inequalities are also a consequence of having economies mainly depending on mining and natural resources. Despite the introduction of diversification policies in some countries, this windfall economy model

Le dérèglement climatique et l'explosion des inégalités, des défis majeurs

Le Nigéria, l'Afrique du Sud, l'Algérie et l'Egypte forment le quartet de tête des pays dotés de l'économie la plus dynamique du continent. L'Afrique de l'Ouest est un pôle de dynamisme : le Nigéria, première puissance économique du continent, représente à lui seul 66% du PIB régional, le Ghana 10% et la Côte d'Ivoire 7%[4]. Mais cette croissance effrénée s'accompagne d'une hausse de la pollution, d'une déforestation et d'une désertification accélérée, d'une exploitation intensive des sols et de la faune sauvage, causant une raréfaction des ressources naturelles extrêmement rapide par endroits, tandis que certaines régions subissent de plein fouet les effets du changement climatique : la région du Sahel a ainsi connu, des années 1970 à la fin du XXe siècle, une sécheresse dont la durée et l'intensité restent inégalées ; actuellement, les quantités de pluies annuelles y sont inférieures de 10 à 15 % à ce qu'elles étaient lors des décennies humides 1950 et 1960, du fait notamment d'un déficit persistant d'événements pluvieux durant la mousson. Au printemps 2019, c'est le sud-est des côtes africaines qui a été frappé par deux cyclones successifs, particulièremains highly dependent on world prices (especially oil prices). Moreover it is an insufficiently income-generating system existing concomittant to a rising inequality issue which is undermining the benefits that would result from a more equitable distribution of income (higher school enrolment, lower crime rates, greater women empowerment, early births limitation, better management of negative environmental externalities, etc.).

A Highly Courted Continent

For a long time, the discourse of an Africa full of economic opportunities and outlets for large global companies has been repeated like a mantra in international fora, without always arousing the expected enthusiasm. Western countries, such as the United States, and former colonial powers such as France, Great Britain and Portugal, have maintained a significant economic and cultural presence, as well as cooperation in the field of security and defence (anti-terrorism, training, operational preparation, etc.). However, apart from China few other countries seemed to be willing to become more involved in Africa. The tide seems to have turned since the middle of 2010. In fact, the continent has been now

rement violents (Idai et Kenneth), qui ont ravagé des régions entières du Mozambique et du Zimbabwe, et causé de nombreuses pertes en vies humaines. D'autres phénomènes climatiques dévastateurs ont durement touché le continent africain depuis les années 2010 (forte sécheresse en Afrique australe causée par le phénomène climatique El Niño, pluies et inondations majeures dans de nombreuses régions, invasion de criquets[5] en Afrique de l'Est, etc.). Au rythme actuel, ceux-ci risquent de se multiplier et de s'amplifier dans les années à venir.

Outre les conséquences du dérèglement climatique et de l'urbanisation effrénée, l'autre grande difficulté réside dans l'inégale répartition des richesses des économies africaines émergentes, qui correspond souvent à une explosion des inégalités. Les cas du Maroc, du Rwanda, du Congo-Brazzaville ou de l'Angola sont édifiants à cet égard. Ce problème a pris le visage d'un fléau national dans certains Etats comme en Afrique du Sud, où les 10% les plus riches possèdent 70% des richesses du pays et où la moitié de la population continue de vivre avec moins de 5 dollars par jour[6] ; et ce, en dépit des politiques menées depuis la fin officielle du régime d'apartheid et l'avènement du régime démocratique en 1994. Ces inégalités sont aussi attracting investors from a growing number of countries that have traditionally had little presence: China of course, but also Turkey, India, the Gulf States, Japan, South Korea, Israel and finally Russia.

It is evident that no country has invested as much in Africa as China. China has invested in Africa in unprecendented ways in security, diplomatic, economic and/or cultural sectors. Since some last African countries acknowledged the "one China policy" and withdrew their recognition of Taiwan's sovereignty[7], China now sustains diplomatic relations with all African countries except Eswatini (formerly Swaziland). This diplomatic victory, which also assures Beijing of diplomatic support for the United Nations General Assembly and the Security Council if necessary, has enabled China to advance its hegemony in the political, economic and cultural sectors.

Economically speaking, the Chinese presence has significantly grown since the 1990s. China provides nearly 20% of Ghana, Liberia, and Nigeria's imports for example, and up to 40% of Benin's. More than any other country, China has thus contributed to the increase in infrastructure and the industrialisation of many African countries. However, this pervasive presence has

liées à des économies reposant largement sur l'exploitation des ressources naturelles et des minerais. En dépit du lancement de politiques de diversification dans certains pays, ce modèle d'économie de type rentier reste très dépendant des cours mondiaux (ceux du pétrole en particulier), et insuffisamment créateur de revenus, et ce, alors que la hausse des inégalités obère les retombées positives qui résulteraient d'un partage plus équitable des revenus (hausse du taux de scolarisation et baisse de la criminalité, meilleure autonomisation des femmes et limitation des naissances précoces, contrôle des externalités négatives pour l'environnement, etc.).

Un continent très courtisé

Longtemps, le discours d'une Afrique porteuse d'opportunités économiques et de débouchés pour les grandes entreprises mondiales, a été répété comme un mantra dans les fora internationaux, sans toujours susciter l'engouement attendu. Les pays occidentaux, comme les Etats-Unis, les anciennes puissances coloniales comme la France, la Grande-Bretagne, le Portugal, ont maintenu une présence économique et culturelle significative, ainsi had real adverse economic and environmental consequences and should in this regard, encourage leaders to be cautious in defining their political and trade relations with China. This is, for example, the case for electricity: every year, Chinese banks invest around $5 billion in energy production projects. As part of China's "New Silk Roads" project, China has already lent nearly $20 billion to finance thermal power plants, mostly coal-fired. Today three-quarters of the energy produced in Africa is of fossil fuel origin _which is responsible for greenhouse gas emissions_ despite the fact that the continent is likely to be one of the most affected one by the 21st century climate changes. This observation is striking, even though the development of some "green" technologies (solar, wind, hydroelectricity) seems particularly suited to the climate and weather conditions of many African countries.

Major powers' influence has also led to major investments in defense and security sectors. Since 2017, Russia has made a strong comeback in Africa, concluding defense agreements with some 20 countries. Some of the agreements cover the dispatch of military advisers and of troop instructors along with material delivery (light weapons and equipment). Following the example of the China-Africa summit in Sept. 2018

qu'une coopération dans le domaine de la sécurité et de la défense (lutte anti-terroriste, formation, préparation opérationnelle, etc). Mais, en dehors de la Chine, peu nombreux étaient encore les autres pays qui semblaient désireux de s'impliquer davantage en Afrique. Le vent semble avoir tourné depuis le milieu des années 2010, puisque le continent attire désormais des investisseurs d'un nombre croissant de pays traditionnellement peu présents : Chine bien sûr, mais aussi Turquie, Inde, pays du Golfe, Japon, Corée du Sud, Israël et enfin, Russie.

Aucun pays n'a certes autant investi en Afrique que la Chine. Que ce soit dans les secteurs de la sécurité, de la diplomatie, de l'économie ou de la culture, celle-ci a investi d'une manière inégalée en Afrique. Depuis que les derniers pays africains ont reconnu le principe de la « Chine unique » et retiré leur reconnaissance de la souveraineté de Taïwan[7], la Chine entretient désormais des relations diplomatiques avec tous les pays africains, à l'exception de l'Eswatini (ex-Swaziland). Cette victoire diplomatique qui assure aussi à Pékin des appuis à l'Assemblée générale des Nations unies et au Conseil de sécurité le cas échéant, lui a permis d'avancer ses pions dans les domaines politique, économique et culturel.

Russia also organized its own Russia-Africa summit in Sochi in November 2019, which 46 African heads of state attended. While this enthusiasm for Africa is mainly an illustration of major powers' "appetite" for the immense economic opportunities that the continent offers, there is a real awareness of the key role African countries have to play. It is also important that they strengthen the coordination of their economic policies if they expect to have a greater influence on political decisions and participate to the identification of multilateral solutions to the changes that the world is undergoing.

The digital boom, progress and gaps

Another challenge which African countries are encountering in 2020 is to resolve the digital gap with the rest of the world. The paradox is that, while being the least connected continent Africa is a prime target for cybercrime networks. Whether we examine countries of the Maghreb, the Gulf of Guinea or the Horn of Africa, cybercriminal groups are becoming more professional and more structured. They are benefiting from a skilled workforce suffering from the lack of job opportunities on the labour market. Cybercrime is now directly attacking local

En termes économiques, la présence chinoise a crû sensiblement depuis les années 1990. Celle-ci fournit ainsi près de 20% des importations du Ghana, du Libéria et du Nigéria par exemple, et jusqu'à 40% des importations du Bénin. Plus qu'aucun autre pays, la Chine a ainsi contribué à l'augmentation du nombre d'infrastructures et à l'industrialisation de nombreux pays africains. Cette omniprésence a néanmoins induit des conséquences économiques et environnementales néfastes bien réelles, et devrait, à cet égard, inciter les dirigeants à faire preuve de vigilance quant à la définition de leurs rapports politiques et commerciaux avec la Chine. C'est par exemple le cas de l'électricité : chaque année, les banques chinoises investissent environ 5 milliards de dollars par an dans des projets de production énergétique. Dans le cadre du projet chinois des « nouvelles routes de la soie », la Chine a déjà prêté près de 20 milliards de dollars afin de financer des centrales thermiques, en grande partie alimentée au charbon. Or, à l'heure actuelle, les trois quarts de l'énergie produite en Afrique sont déjà d'origine fossile, responsable de l'émission de quantités de gaz à effet de serre, alors même que le continent risque d'être l'un des plus touchés par les bouleversements climatiques qui s'annoncent à economies with major financial consequences: in both Senegal and Benin, 90% of illegal acts in cyberspace are cyber-scams. Other phenomena, such as the development of human trafficking in its digital form via, for example, pimping networks or digital pedocriminality, are on the rise. In Africa like elsewhere, the development of the Internet and the exploitation of the potential of digital technology have benefited the spread of extremist and radical discourse. For highly structured terrorist groups such as the Islamic State (IS) and its African franchises[8], the use of totally deregulated social networks and the uncontrolled spread of such discourse have had a major impact in terms of the dissemination of their radical ideas and the recruitment of their militants. Aware of the problem, many African states have tried to adapt their legal framework to better control and strengthen data protection. However, they often lack the means to implement legal provisions and ensure the application of sanctions, where necessary. The most advanced countries in this area (Egypt and the Maghreb countries) have proven defensive and offensive IT control capacities (LID/LIO), while sub-Saharan states are only beginning to explore this field but much remains to be done.

In 2020, African countries will not be short of

l'aube du XXIème siècle. Ce constat est frappant, alors que le développement de certaines technologies « vertes » (solaire, éolien, hydroélectricité) semble particulièrement adapté au climat et aux conditions météorologiques de nombreux pays africains.

L'influence des grandes puissances s'est également traduite par des investissements majeurs opérés dans le secteur de la défense et sécurité. Depuis 2017, la Russie a ainsi opéré un retour en force en Afrique, concluant des accords de défense avec une vingtaine de pays, dont certains prévoient l'envoi de conseillers militaires et instructeurs de troupes, et la livraison de matériel (armes légères ou équipements). Imitant le sommet Chine-Afrique de septembre 2018, la Russie a elle aussi organisé son propre sommet Russie-Afrique à Sotchi en novembre 2019, auquel ont pris part 46 chefs d'Etat africains. Si cet engouement pour l'Afrique illustre surtout l'« appétit » des grandes puissances pour les immenses débouchés économiques qu'offre le continent, la prise de conscience est réelle quant au rôle clé que les pays africains ont à jouer, et à la nécessité pour eux de renforcer la coordination, s'ils entendent peser davantage sur les décisions politiques et l'identification de solutions multilatérales aux changements que challenges or emergencies to address. If current authorities decide to address the root causes of the challenges threatening the continent and to orient their policies towards human security and the well-being of their populations, then the latter can legitimately expect an improvement in their prospects in the years to come.

connait le monde actuel.

L'essor du numérique, des progrès et des lacunes

Autre défi face auquel les pays africains auront fort à faire en 2020 : résoudre la fracture numérique qui s'est creusée avec le reste du monde. Le paradoxe est que, tout en étant le continent le moins connecté à internet, l'Afrique est aussi une cible majeure des réseaux de cybercriminalité. Que ce soit dans les pays du Maghreb, du Golfe de Guinée ou de la Corne de l'Afrique, les groupes cybercriminels se professionnalisent et se structurent, bénéficiant d'une main-d'œuvre compétente, souffrant du manque de débouchés sur le marché du travail. La cybercriminalité s'attaque désormais directement aux économies locales avec des conséquences financières majeures : au Sénégal comme au Bénin, 90% des actes illicites dans le cyberespace sont des cyber-escroqueries. D'autres phénomènes tels que le développement du trafic d'êtres humains dans leur déclinaison numérique via, par exemple, des réseaux de proxénétisme ou la pédocriminalité numérique, sont en augmentation. En Afrique comme ailleurs dans le monde, le développement d'internet et

NOTES

[1] Founded in 2014, the G5 Sahel is an intergovernmental partnership that brings together Burkina Faso, Chad, Mali, Mauritania, Niger and Niger and aims to enable the implementation of common responses to the challenges facing the region.
[2] At the beginning of March 2020, a memo signed by the head of the African Union Staff Association, Sabelo Mbokazi, was sent to the president of the AU Commission, Moussa Faki Mahamat, criticising the "mafia-like, cartel-worthy" management of the organisation. The South African newspaper Mail & Guardian had access to it and reported on it.
[3] United Nations (UN) data.
[4] Direction générale du Trésor, France, 2020.
[5] According to Guleid Artan, director at the International Climate Prediction and Applications Centre (ICPAC), the current locust invasion is the latest symptom of a series of extreme climate variations that will hit East Africa in 2019.
[6] Figures: World Bank, 2015.
[7] The latest to do so are the Gambia (2013), Sao Tome and Principe (2016) and Burkina Faso (2018).
[8] Following the example of the Islamic State in the Great Sahara (EIGS) and the Islamic State in the Western African Province (ISWAP).

l'exploitation des potentialités du numérique ont profité à la diffusion de discours extrémistes et radicaux par des individus radicalisés. Pour des groupes terroristes très structurés comme l'Etat islamique (EI) et ses franchises africaines[8], l'usage de réseaux sociaux totalement dérégulés et la diffusion incontrôlée de tels discours, ont eu un impact majeur en termes de diffusion de leurs idées radicales et sur le recrutement de leurs militants. Conscients du problème, nombre d'Etats africains ont tenté d'adapter leur cadre juridique dans le sens d'un meilleur contrôle et d'un renforcement de la protection des données, mais les moyens manquent souvent pour permettre la mise en œuvre des dispositions juridiques et d'assurer l'application des sanctions, le cas échéant. Les plus avancés en la matière (Egypte et pays du Maghreb) disposent de capacités de lutte informatique défensive et offensive (LID/LIO) avérées, tandis que les Etats subsahariens entament leur développement dans ce domaine, mais beaucoup reste à faire.

En 2020, les pays africains ne manqueront pas de défis à relever, ni d'urgences à traiter. Si les autorités décident de s'attaquer aux racines des difficultés qui menacent le continent, et d'orienter leurs politiques en fonction de la sécurité humaine et du bien-être des popula-

__Pauline Le Roux__ is a political analyst specializing in African security and geopolitics. A graduate in international administration from the Sorbonne Law School in Paris, she has worked with the United Nations in South Africa, assisting vulnerable refugees and migrants. She also contributed to an INTERPOL project on enhancing the exchange of police information between law enforcement agencies in West Africa. Since 2016, she has been working on the analysis of the security situation and political and strategic trends in Central African and Sahel countries.

lations, alors ces dernières pourront légitimement s’attendre à une amélioration de leurs perspectives dans les années à venir.

NOTES

[1] Fondé en 2014, le G5 Sahel est un partenariat intergouvernemental qui regroupe le Burkina Faso, le Mali, la Mauritanie, le Niger et le Tchad et qui a pour objectif de permettre la mise en oeuvre de réponses communes aux défis auxquels la région fait face.
[2] Début mars 2020, un mémo signé par le chef de l'association du personnel de l'Union africaine, Sabelo Mbokazi, a été adressé au président de la Commission de l'UA, Moussa Faki Mahamat, critiquant une gestion « mafieuse, digne d'un cartel » de l'organisation. Le journal sud-africain Mail & Guardian y a eu accès et en a rendu compte.
[3] Données de l'Organisation des Nations unies (ONU).
[4] Direction générale du Trésor, France, 2020.
[5] Selon Guleid Artan, directeur au Centre de prévision et d'applications climatologiques (ICPAC), l'invasion de *criquets actuelle est le dernier symptôme d'une série de* variations climatiques extrêmes ayant frappé l'Afrique de l'Est en 2019.
[6] Chiffres : Banque mondiale, 2015.
[7] Les derniers à l'avoir fait sont la Gambie (2013), Sao-Tomé-Et-Principe (2016) et le Burkina Faso (2018).
[8] A l'instar de l'Etat islamique dans le Grand Sahara (EIGS) et de l'Islamic State in the Western African Province (ISWAP).

Pauline Le Roux *est analyste politique, spécialisée sur les questions de sécurité et de géopolitique africaine. Diplômée en administration internationale à l'École de droit de la Sorbonne de Paris, elle a travaillé avec les Nations Unies en Afrique du Sud, dans l'assistance aux réfugiés et aux migrants vulnérables. Par la suite, elle a contribué à un projet de l'organisation INTERPOL portant sur le renforcement d'échange d'information policière entre les agences d'application de la loi en Afrique de l'Ouest. Depuis 2016, elle travaille à l'analyse de la situation sécuritaire et des tendances politiques et stratégiques des pays d'Afrique centrale et du Sahel.*

Chap. -1

Africa and its peoples

L'Afrique et ses populations

A market in Addis Ababa, Ethiopia (© Erik Hathaway)

1

2019 African populations
Populations africaines

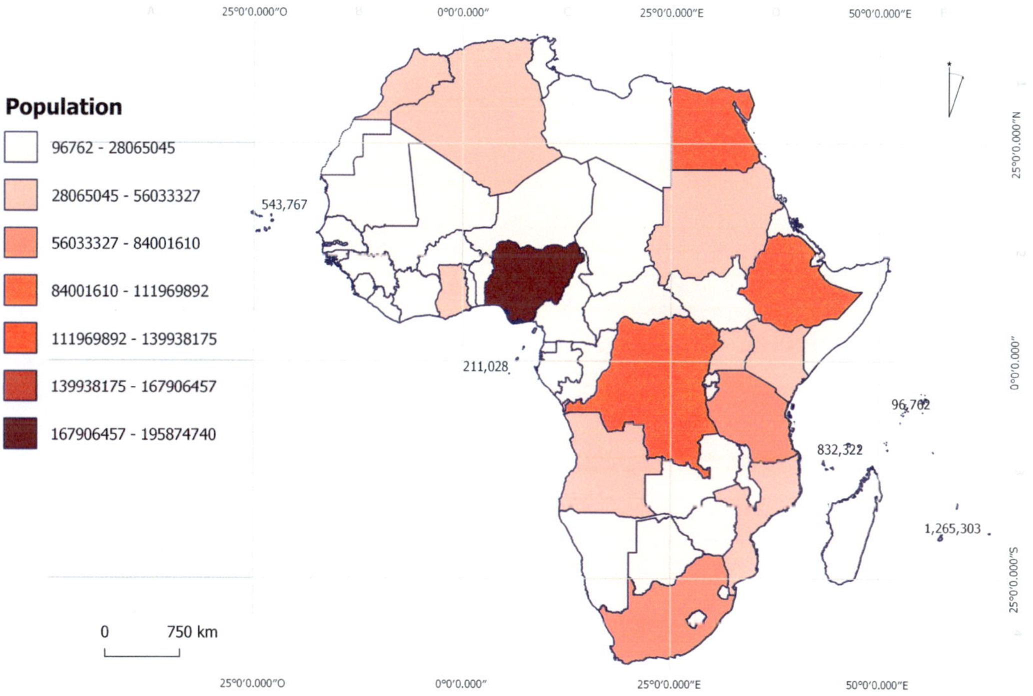

2

2018-2019 Conflict induced IDPs
Déplacés internes pour cause de conflit

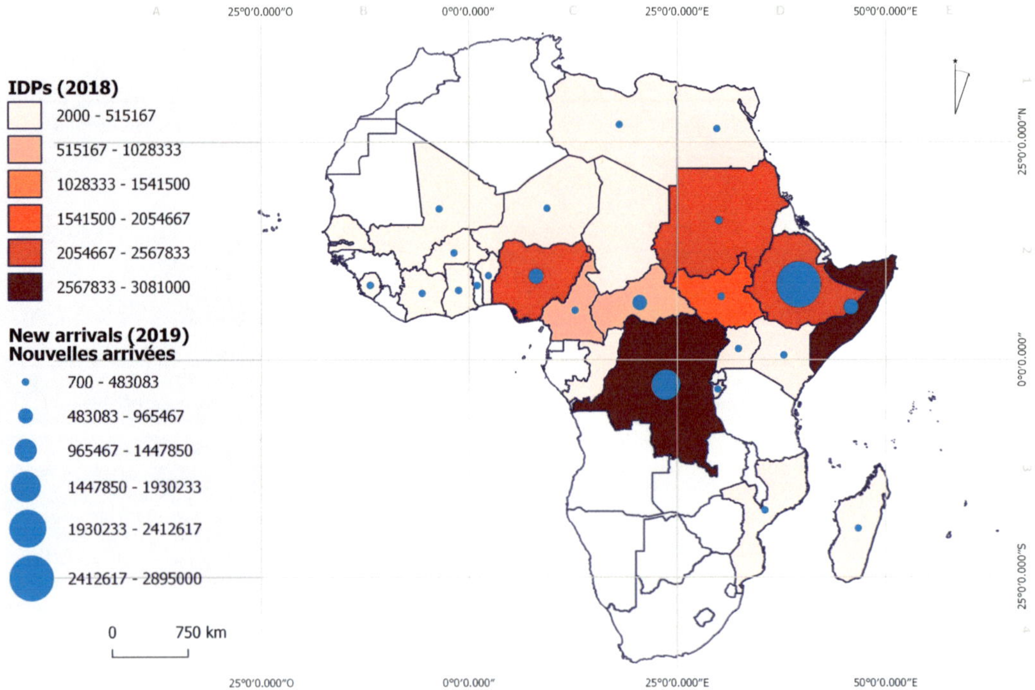

3

2019 Fighting populations: Military and NSAGs personnel
Populations combattantes : Personnel militaire et GANEs

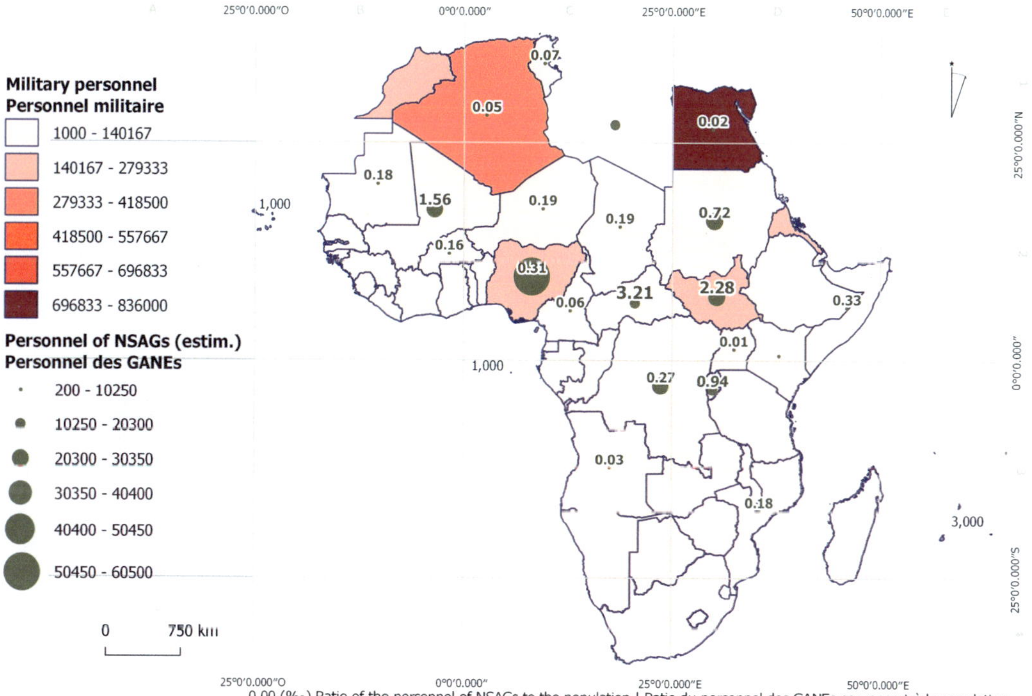

0.00 (‰) Ratio of the personnel of NSAGs to the population | Ratio du personnel des GANEs par rapport à la population

4

2019 Fighting populations: UN Missions
Populations combattantes: Missions onusiennes

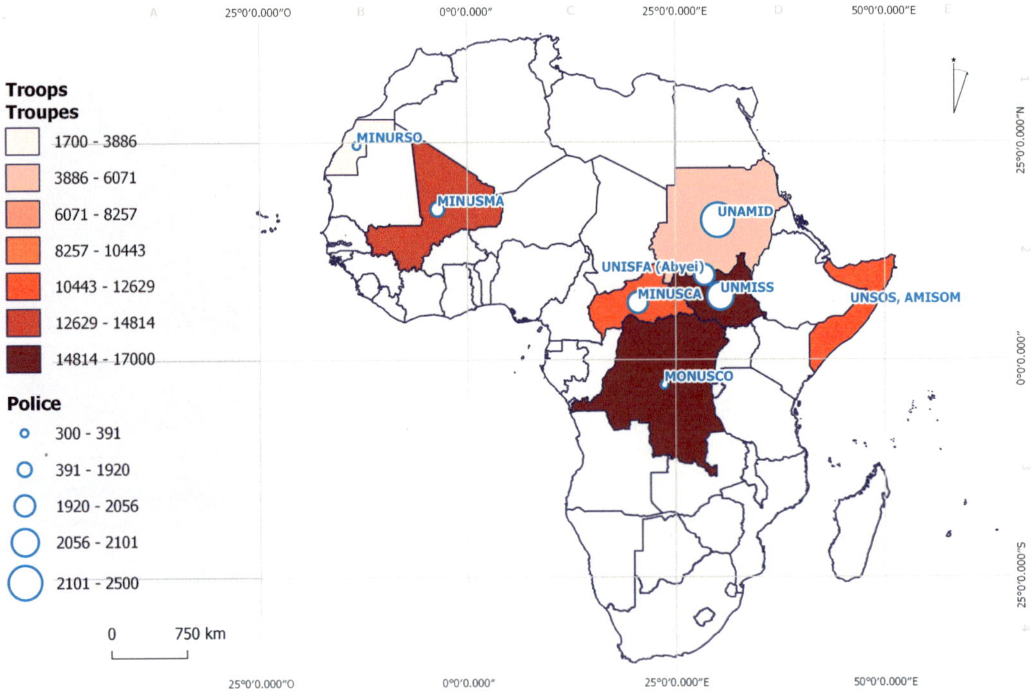

5

2019 Foreign military presence in Africa* / Présence militaire étrangère en Afrique

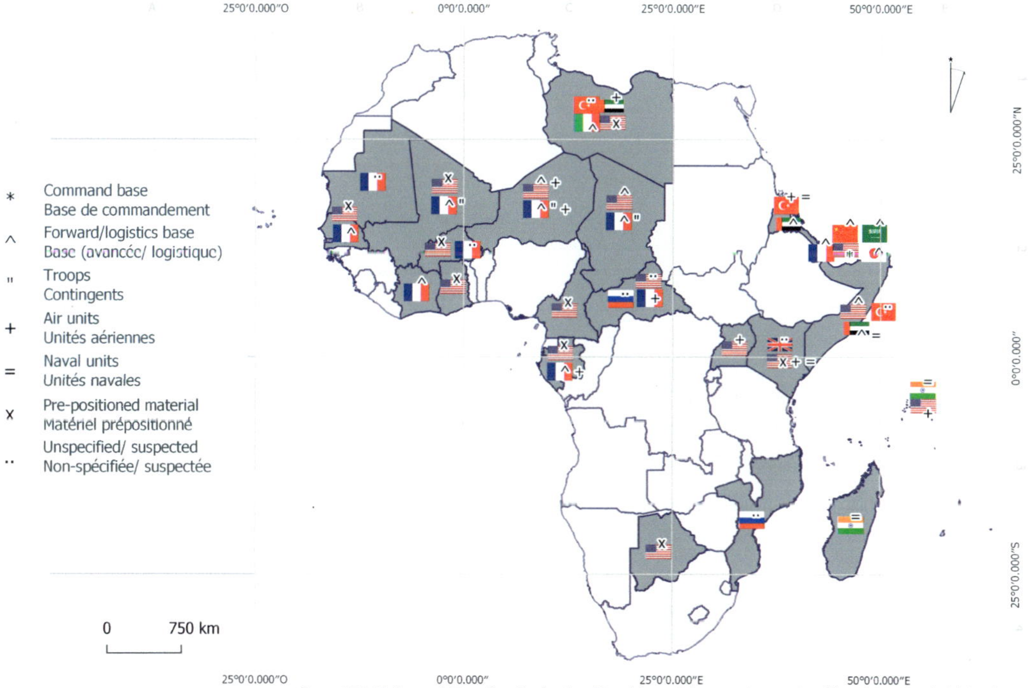

* except UN Missions and international/regional coalitions | hors missions onusiennes, et coalitions internationales/régionales

Chap. -2

African economies

Economies africaines

A bus station in Oshodi Isolo, Lagos, Nigeria (© Gideon Oladimedji)

6

2019 African countries GDP
PIB des pays africains

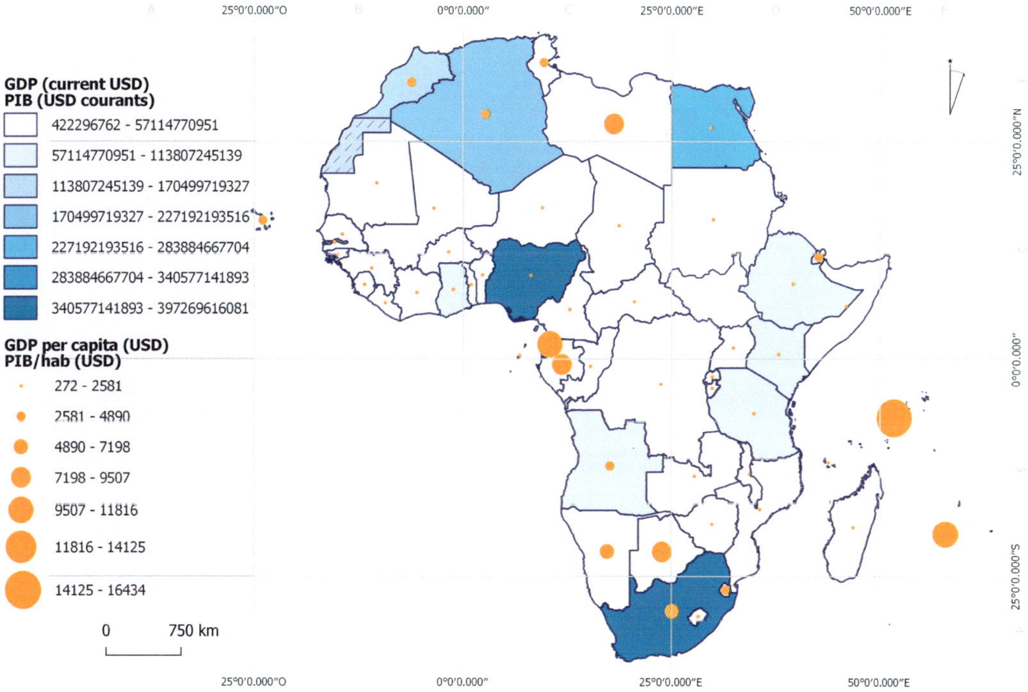

7

2019 Military spendings Dépenses militaires

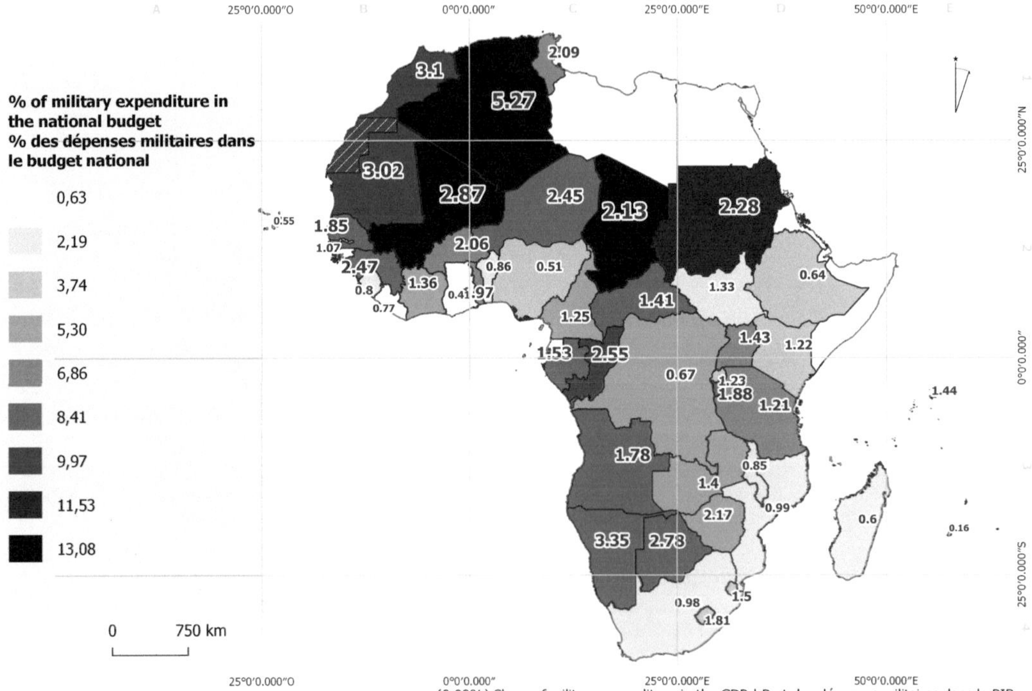

(0.00%) Share of military expenditure in the GDP | Part des dépenses militaires dans le PIB

8

2019 Mining resources
Ressources minières

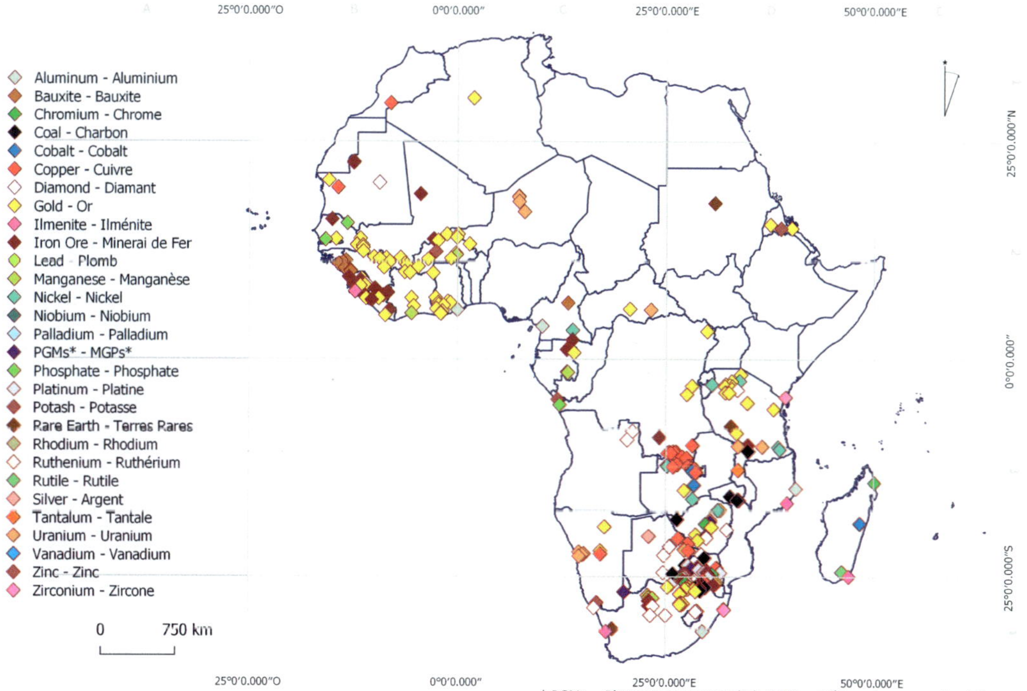

* PGMs = Platinum group metals | MGPs = Métaux du groupe du platine

9.1

2018 Major oil and gas resources - 1. Oil
Principales ressources pétrolières et gazières - 1. Pétrole

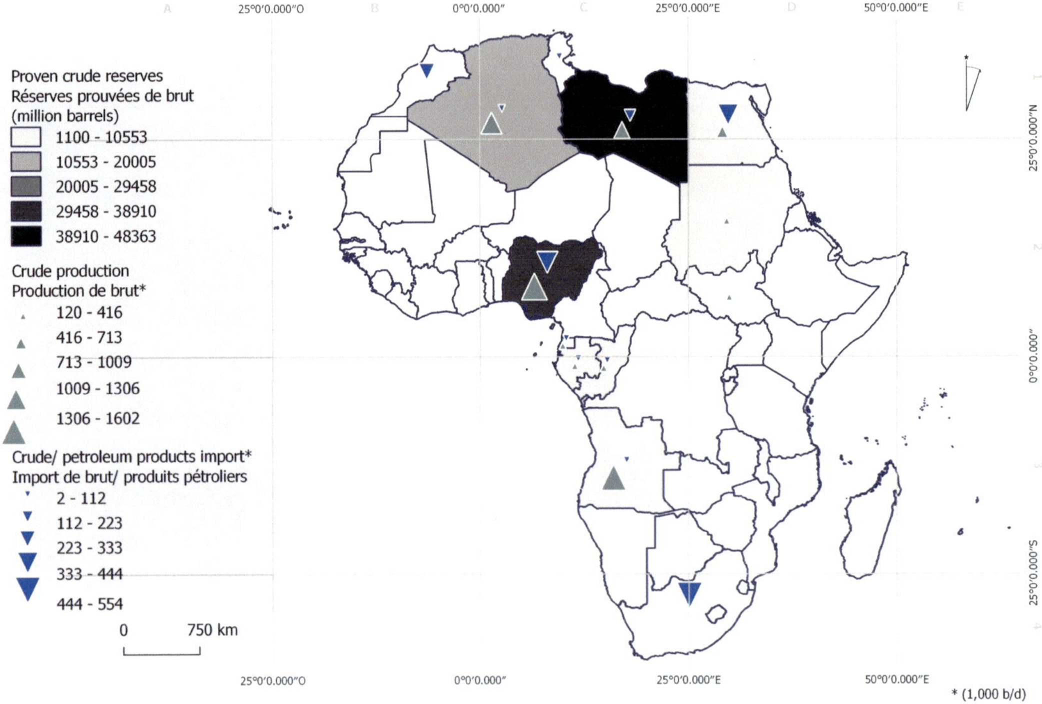

9.2

2018 Major oil and gas resources - 2. Natural gas
Principales ressources pétrolières et gazières - 2. Gaz naturel

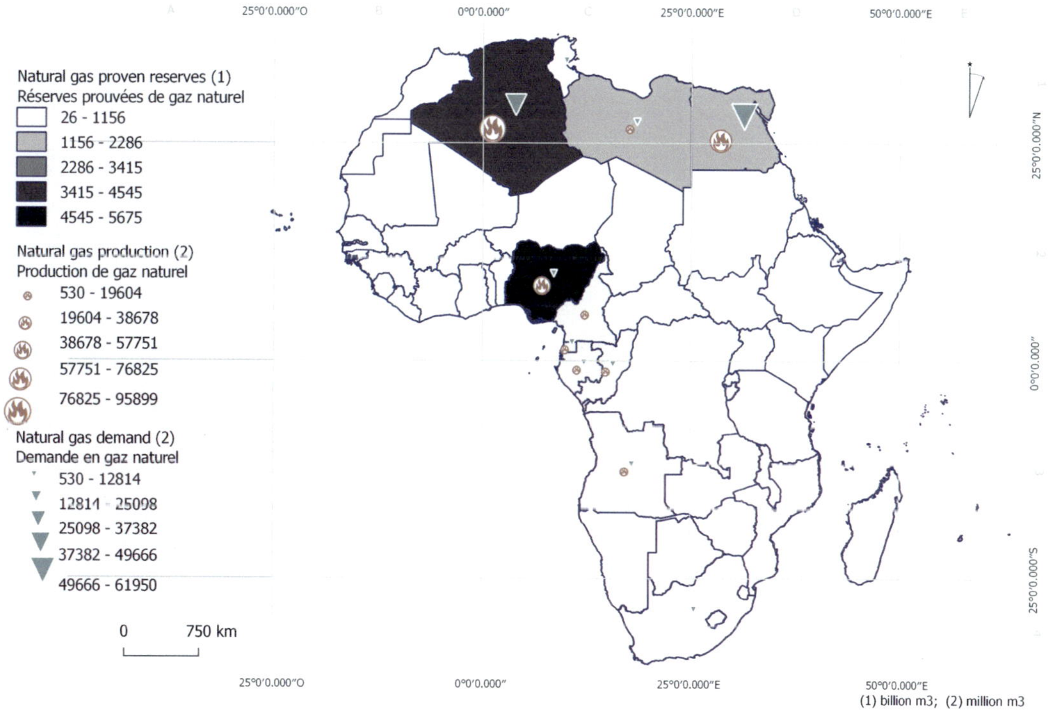

10

2019 Land use (croplands)
Mise en valeur des sols (terres cultivées)

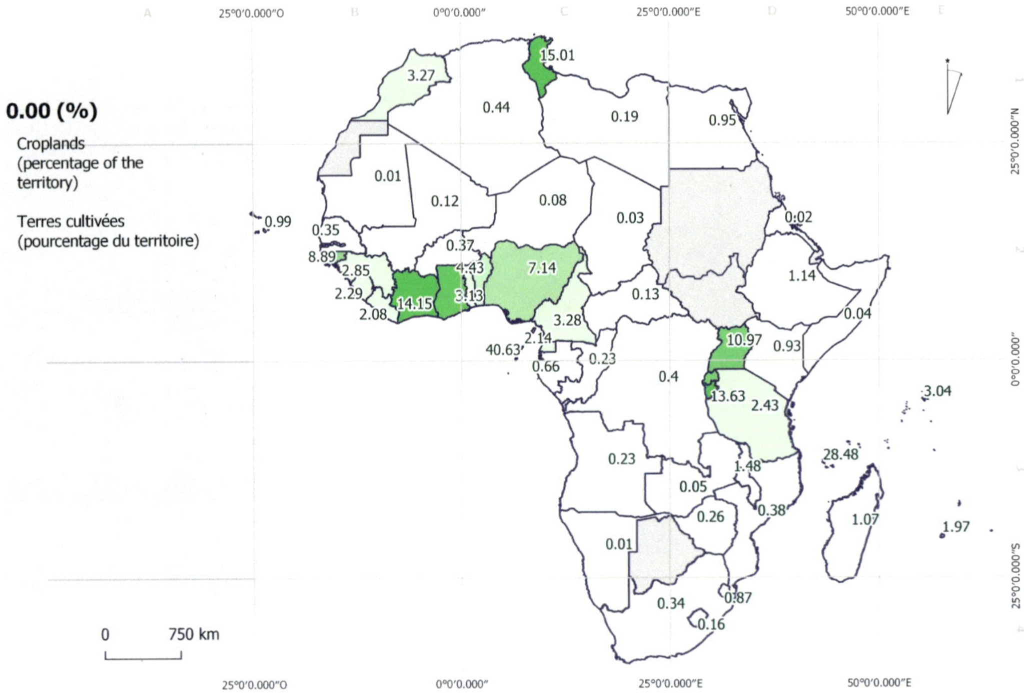

11

2019 Transport and logistics infrastructures
Transports et infrastructures logistiques

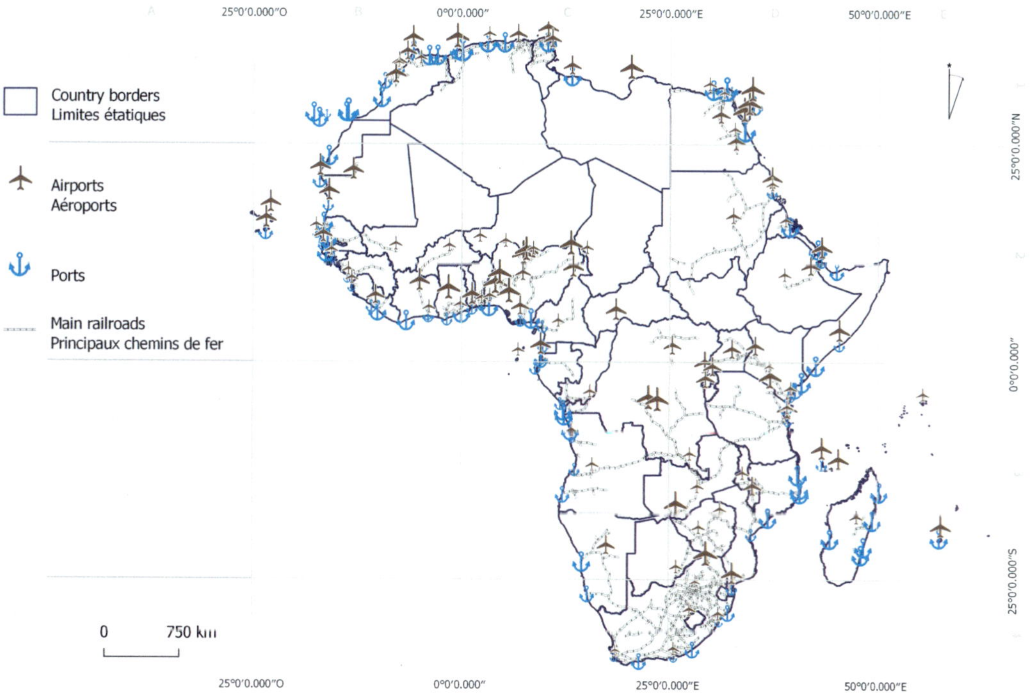

12

2019 Internet access Accès à Internet

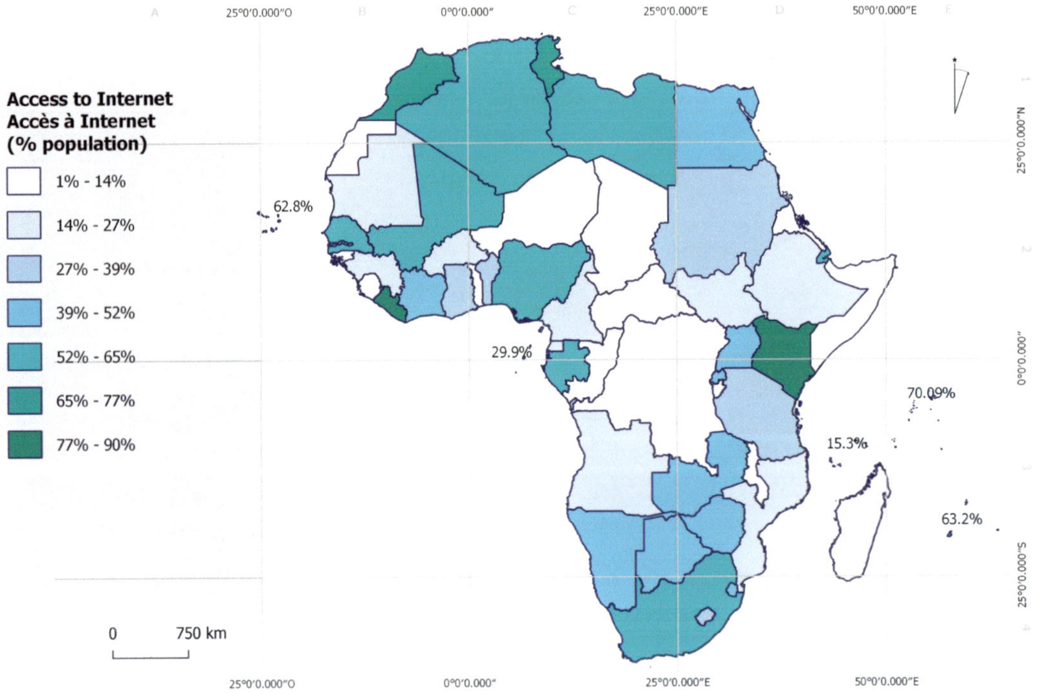

Chap. -3

African territories

L'Afrique des territoires

Cairo, 19/03/2020 - Satellite photo: Sentinel-2A MSI/VNIR, Res. 10m, Orbit. 24757, Cloud cover. 21%

13

2019 Urban areas Zones urbaines

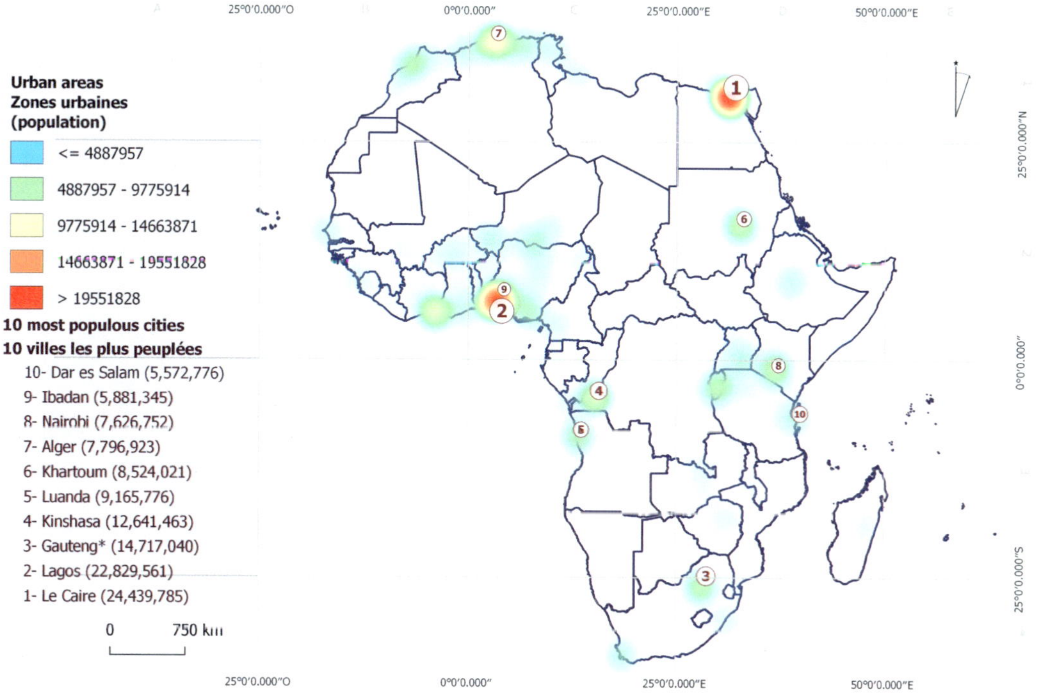

14.1

2019 Disputed territories (1)
Territoires disputés (1)

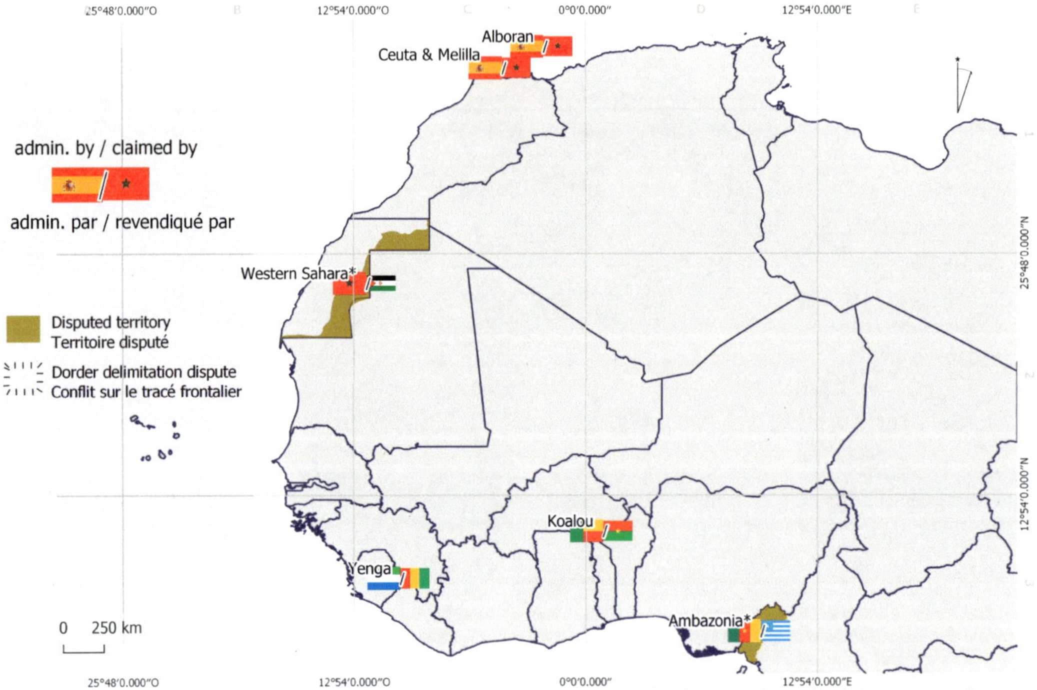

* The use of disputed territories' flags and claimed names is only for illustration purpose, and does not reflect the political opinion neither of Stake experts nor of its staff.

14.2

2019 Disputed territories (2) Territoires disputés (2)

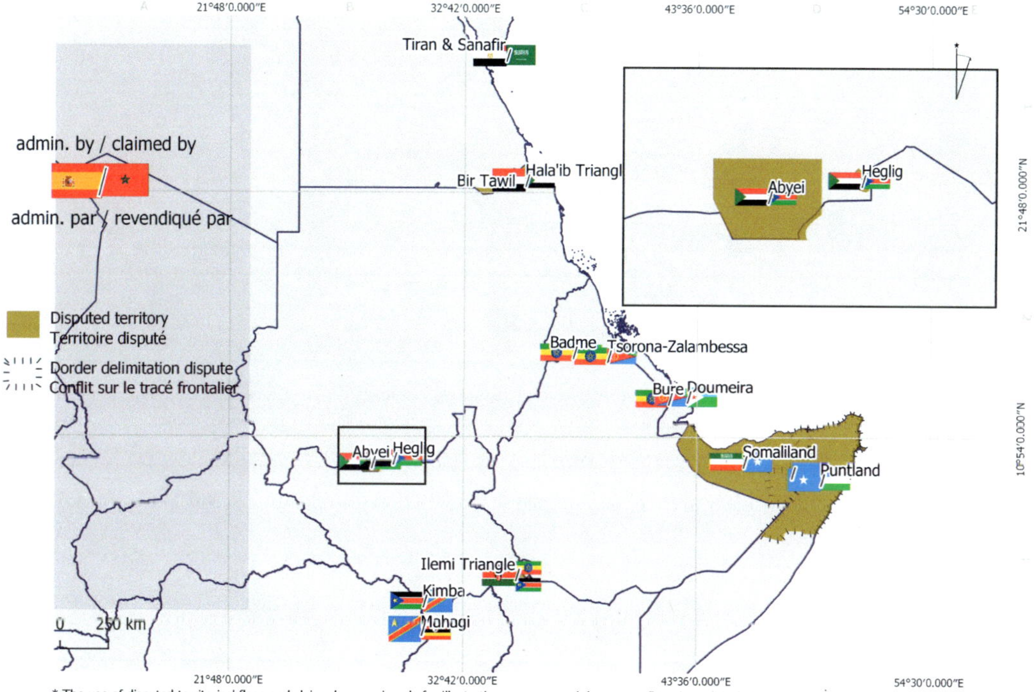

* The use of disputed territories' flags and claimed names is only for illustration purpose, and does not reflect the political opinion neither of Stake experts nor of its staff.

14.3

2019 Disputed territories (3)
Territoires disputés (3)

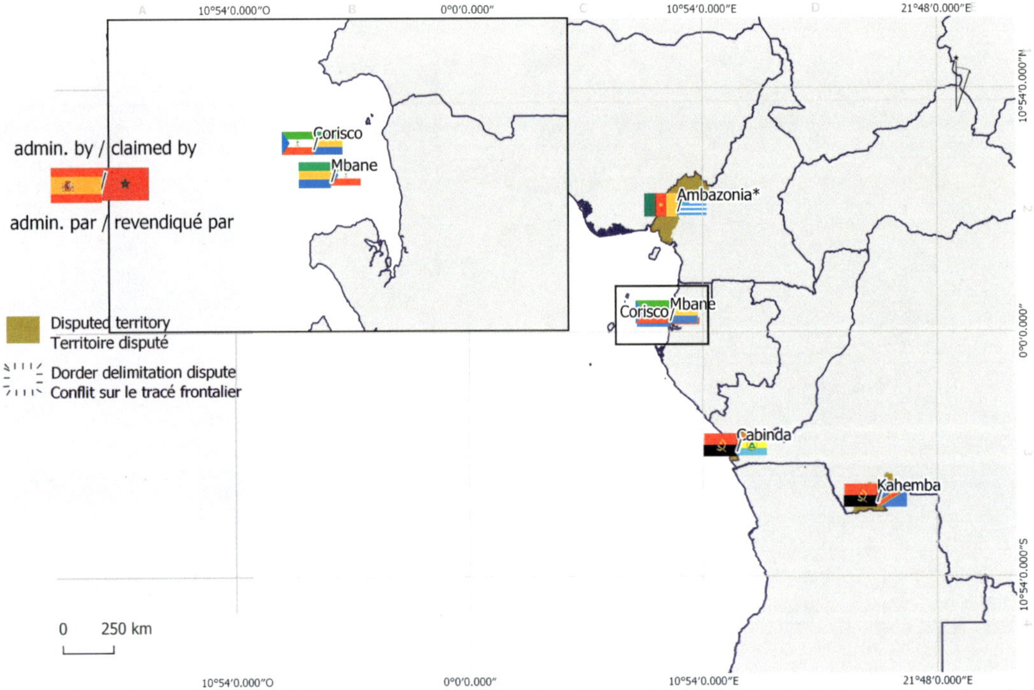

* The use of disputed territories' flags and claimed names is only for illustration purpose, and does not reflect the political opinion neither of Stake experts nor of its staff.

14.4

2019 Disputed territories (4)
Territoires disputés (4)

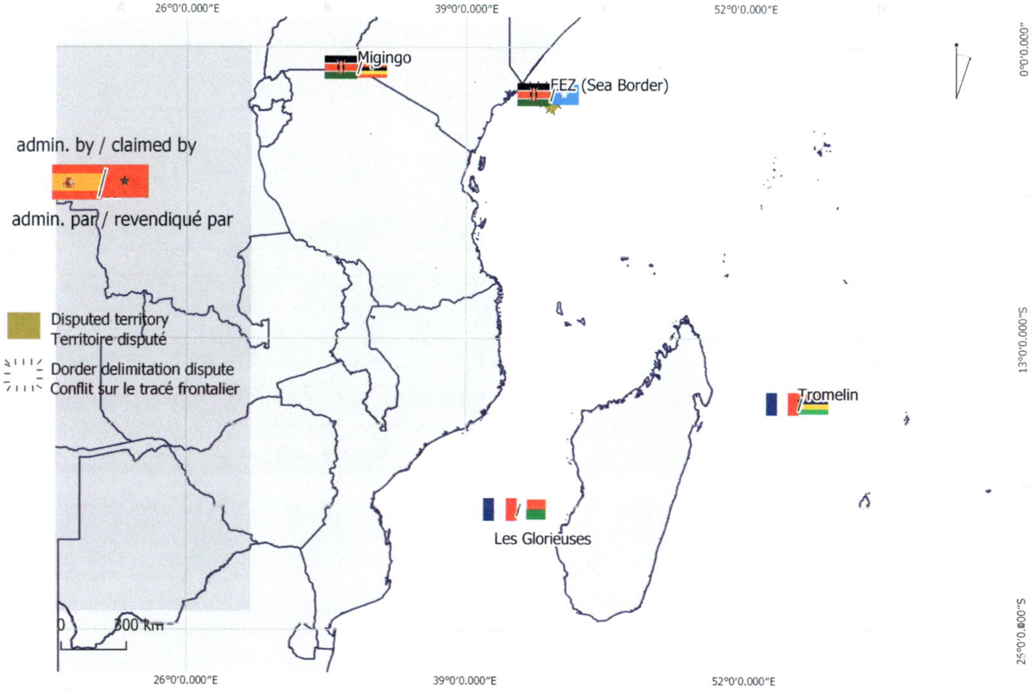

* The use of disputed territories' flags and claimed names is only for illustration purpose, and does not reflect the political opinion neither of Stake experts nor of its staff.

15

2019 Major nature reserves and climate zones
Principales réserves naturelles et fuseaux climatiques

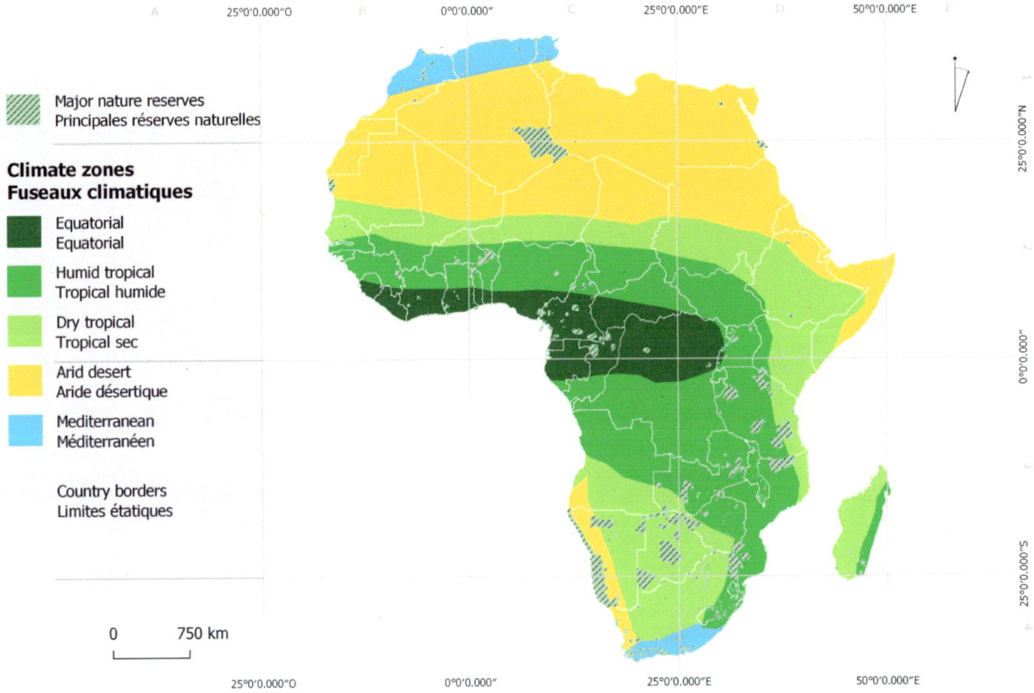

16

2019 Major surface water reserves / Principales réserves d'eaux de surface

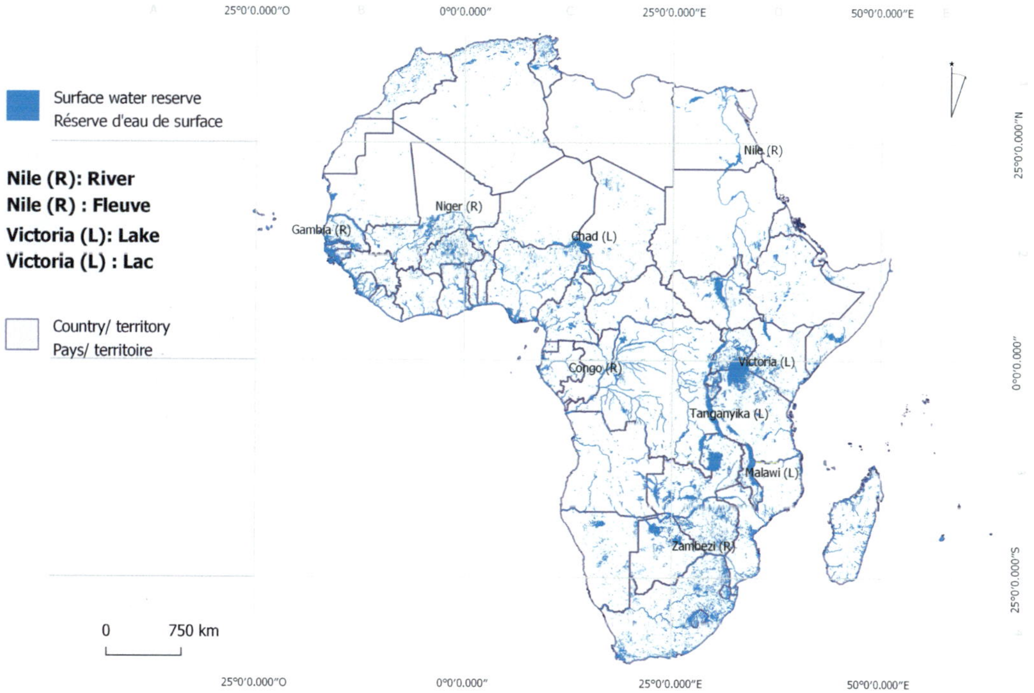

17

2019 Interconnection of crises on the continent
Interconnexion des crises sur le continent

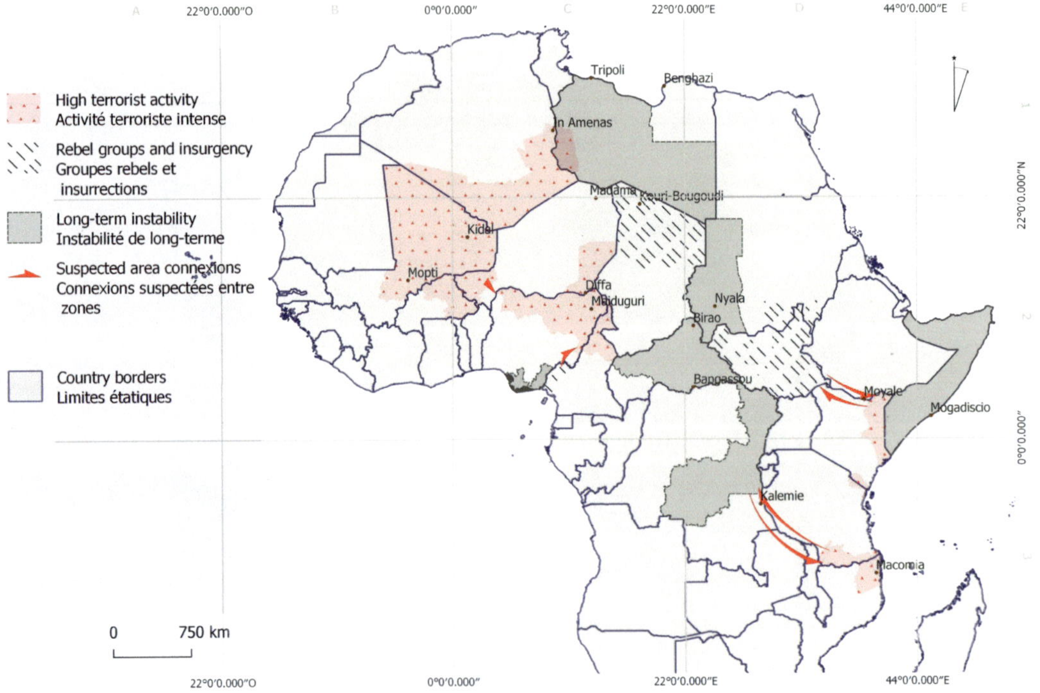

PART - II
PARTIE - II

Introductory Chapter
Chapitre Introductif

The cross-border and regional dimension of the security of people and property
De la dimension transfrontalière et régionale de la sécurité des biens et des personnes

Claude Biao

The opinions and analyses in this chapter only represent the opinion of their author and do not reflect neither the political opinion of Stake experts nor that of any other organization.

Les opinions et analyses exprimées dans ce chapitre représentent uniquement l'opinion de leur auteur, elles ne sauraient être interprétées comme une prise de position politique de Stake experts, de son personnel, ou de tout autre organisme.

The borders' question is one of those that seem to have had the least progress on the African continent since the late 1990s. Concerning physical and social structures the debates remained stuck to the seemingly powerless observation of the "porosity of borders". This character, stemming from sociology and the administration of border areas, has gradually become sacred and a form of abstract theory of an immutable reality. Then at the conceptual and normative level, the *uti possidetis* – the rule of the inviolability of borders inherited from colonization[1] – has operated as a double-edged sword in the political debate on borders on the continent. First, it had the positive effect of strengthening the potential *certainty* of the border lines (even in areas where they were not completely defined) by providing a shared and consensual historical source of possible border claims or disputes, and thus reducing the

La question des frontières fait partie de celles qui semblent avoir connu le moins d'avancée sur le continent africain depuis la fin des années 90. D'un côté, sur le plan des structures physiques et sociales, les débats sont restés figés au constat apparemment impuissant de la « porosité des frontières ». Ce caractère lié avant tout à la sociologie et à l'administration des espaces frontaliers, s'est progressivement sacralisé pour devenir une forme de théorie abstraite, rendant compte d'une réalité immuable. D'un autre côté, au niveau conceptuel et normatif, *l'uti possidetis* – la règle de l'intangibilité des frontières héritées de la colonisation[1] – a opéré comme un couteau à double tranchant sur le débat politique relatif aux frontières sur le continent. En premier lieu, elle a eu l'effet positif de renforcer la *certitude* potentielle du tracé frontalier, même dans les espaces où il n'était pas achevé, en désignant une source historique partagée et risk of their escalation into open conflicts. What's more, there was a feeling of *intangibility* of the debate on borders itself, possibly resulting of the widely shared feeling that leaving the administration and sociology of border areas opened to debate would be similar to taking the unacceptable risk of questioning the very rule of their intangibility.

The intangibility of the debate on border areas is not without consequences for the border policies which African States devised and applied. Furthermore, it also affects cross-border security management specifically. Indeed, "porous borders" means blurred cross-border spaces, not only marked by common social and commercial practices on both sides of the administrative demarcation line, but also by the consolidation of criminal ecosystems linked to trafficking or clandestine smuggling. Actually, whoever mentions "borders intangibility" also implies *natural* legal limits to the forms and orientations of States' border policies. The result is the creation of cross-border communities in African countries. This means that borders – in Africa at least – are not demarcation *lines*, but rather living *spaces*.

Translating this political and sociological reality into cartographic representation would raise

consensuelle aux éventuelles revendications ou disputes frontalières, et en réduisant ainsi le risque d'aggravation de celles-ci en conflits ouverts. Le revers de la médaille, en second lieu, a été une perception d'*intangibilité* du débat sur les frontières en lui-même. Celle-ci est sans doute issue du sentiment largement partagé selon lequel, laisser l'administration et la sociologie des espaces frontaliers ouverts au débat reviendrait à prendre le risque inacceptable d'une remise en cause de la règle même de leur intangibilité.

Cette intangibilité du débat relatif aux espaces frontaliers n'est pas sans conséquences sur les politiques des frontières imaginées et appliquées par les États du continent africain et par extension, sur la gestion de la thématique spécifique de la sécurité transfrontalière. En effet, qui dit « porosité des frontières » dit espaces transfrontaliers flous, marqués par des pratiques sociales et commerciales communes d'un côté et de l'autre de la ligne administrative de démarcation, mais aussi consolidation d'écosystèmes criminels liés aux trafics ou simplement aux passages clandestins... Et qui dit « intangibilité des frontières », sous-entend aussi limites juridiques *naturelles* aux formes et orientations que peuvent prendre les politiques technical and interpretation problems. While polygons should be used to represent border spaces, the notions of border states and nationality would become highly controversial, if not conflicted when we talk about interpretation. In fact, the use of polygons would violate the second rule of Geographic Information Systems' consistency, which is that the boundaries of adjoining polygons should be unique. Subsequently, border states nationality requirements make it essential to (re)define to which state territory the border areas belong to, to clarify how to analyze them in terms of symbology, and to express how to process the information represented on these areas (populations, structures, resources...).

The cartographic consistency problems are not limited to the representation of the geographic information. Very early, states on the African continent (as in many other parts of the world) understood the need to apply a political correction factor. Thus, many neighbouring states on the continent have set up Border Commissions, joint police patrol units and other cross-border cooperation initiatives, which seek to integrate the reality of a cross-border community evolving in a shared living space, and to make it compatible with a political and

publiques frontalières adoptées par les États. Il en résulte la création dans les pays du continent, de « communautés transfrontalières » qui font dire que les frontières – en Afrique au moins – ne sont pas des *lignes* de démarcation, mais davantage, des *espaces* de vie.

Traduire cette réalité politique et sociologique en représentation cartographique soulèverait des problèmes techniques et d'interprétation. D'une part, il faudrait utiliser des polygones pour représenter les espaces frontaliers, ce qui enfreindrait la deuxième règle de cohérence des Systèmes d'Information Géographiques qui veut que les limites de polygones jointifs soient uniques. Sur le plan de l'interprétation d'autre part, les notions d'États frontaliers et de nationalité deviendraient hautement conflictuelles puisqu'il faudrait (re)définir à quels territoires étatiques appartiennent ces espaces frontaliers, quel traitement leur réserver en termes de symbologie ; et comment traiter l'information représentée sur ces espaces (populations, structures, ressources...).

Ces problèmes de cohérence cartographique ne sont pas limités à la représentation de l'information géographique. Les États du continent africain (comme dans de nombreux autres endroits du monde) ont très tôt compris la sociological environment consisting of neighbouring states marked by a linear border. This State solution makes sense from a security perspective, since one of the main imperatives in terms of national security on the continent is to ensure that the presence of the State is visible and continuous throughout its territory. However, this does not deprive the borders of their applicable exception regime.

Whether it is accepted and recognised *de jure* by some countries on the continent; or imposed *de facto* in other contexts, the examination of border areas' exception regime can consider at least two aspects: the political and the security aspects. It is in fact the expression of a form of "unity of destiny" of the bordering countries in terms of regional security. This in return shapes the issue of the free movement of people and goods as a matter of security. Alternatively the multiple dimensions (economic, political and social) of cross-border regional risk reinforce the perception of borders as primary material in the regional security field.

Borders, as core components of the regional security machine

Defining the concept of borders implies

nécessité d'y apporter, pour ainsi dire, un facteur de correction politique. Ainsi, de nombreux États voisins sur le continent ont mis en place des commissions transfrontalières, unités mixtes de patrouilles policières et autres commissions de coopération transfrontalière, qui tendent à intégrer la réalité de communauté transfrontalière évoluant dans un espace de vie partagé, et à la mettre en cohérence avec un environnement politique et sociologique constitué d'États voisins démarqués par une frontière linéaire.

Cette solution des États fait sens au plan sécuritaire, puisque l'un des principaux impératifs en termes de sécurité nationale sur le continent étant d'assurer une présence visible et continue de l'État sur la totalité de son territoire. Cela ne prive toutefois pas les frontières de leur régime d'exception. Qu'il soit accepté et reconnu de droit par certains pays du continent ; ou imposé de fait dans d'autres contextes, ce régime d'exception des espaces frontaliers s'analyse à au moins deux niveaux : politique et sécuritaire. D'un côté, il est l'expression d'une forme d'unité de destin entre les pays frontaliers, en matière de sécurité régionale, faisant de la question de la libre circulation des personnes et des biens, une question aussi de sécurité. D'un autre côté, les making inquiries into the territories they bound: States. These two political objects – the State and the border – work as an intertwined nexus, since the geopolitical space is divided into States whose limits are the borders (political, legal, administrative and sometimes cultural among others). Thus, one of the most consensual definitions of the State raises this intrinsic attribute of borders twice.

According to the Montevideo Convention on the Rights and Duties of States[2], the State is an entity with a delimited territory, inhabited by a permanent population, governed by a unified political authority (government), and having the capacity to enter into relations with other States. The concept of delimited territory and the ability to directly or indirectly relate to other states draw on the demarcation and contact point roles of borders. Similarly, by defining the border as a line "determining the limit of the territory occupied by the state and over which it exercises sovereignty", Prescott (1967) also emphasizes this intrinsic link with the State[3], whose border sets the limits of sovereignty.

While this function of demarcation appears to be the most widely emphasized in conventional definitions of borders[4], one notices that this seems to be at the expense of another equally

multiples dimensions (économique, politique et sociale) du risque régional transfrontalier, permettent de renforcer cette première intuition, à savoir que la frontières constituent la matière première de la sécurité des régions.

Frontières, matière première de la sécurité des régions

Apporter une définition du concept de frontières revient à s'intéresser aux territoires qu'elles délimitent : les États. En effet, ces deux objets politiques – l'État et la frontière – fonctionnent comme un tandem indissociable, puisque l'espace géopolitique est découpé en États dont les limites (politiques, juridiques, administratives et parfois culturelles entre autres) sont les frontières. Ainsi, l'une des définitions les plus consensuelles de l'État relève par deux fois cet attribut intrinsèque lié à ses frontières. Selon la Convention de Montevideo sur les droits et devoirs des États[2], l'État est une entité possédant un territoire délimité, habité par une population permanente, dirigé par une autorité politique unifiée (gouvernement), et ayant la capacité d'entrer en relation avec d'autres États. La notion de territoire délimité et la capacité d'entrer en relation avec d'autres États important function, particularly in the African context: the contact point function. Indeed, many African borders are both the limits of the sovereignty of modern states, and the expression of their (at least potential) cultural, economic and historical interconnection. Professor Asiwaju (1970), one of Africa's leading border scholars, efficiently grasped the sense of "community" and the convergence of social dynamics coated within borders. In his terms, boundaries "were drawn through well-established lines of communication, including in each case a dormant or active sense of community, based on tradition of common ancestral origins, generally strong kinship ties, shared socio-political institutions and economic resources, common customs and practices, and sometimes acceptance of common political authority." [5]

This sense of community is one of the most important political foundations of the integration process in several regions of the African continent. In regions where borders play both the role of demarcation and contact point between States, regionalisation appears as the expression of integration at the political and institutional level, of *de facto* Community dynamics. The institutional frameworks of these regional organisations – generically referred to as

font directement ou indirectement appel aux fonctions de démarcation et de point de contact, couramment jouées par les frontières. De même, en définissant la frontière comme une ligne « déterminant la limite du territoire occupé par l'État et sur lequel il exerce sa souveraineté », Prescott (1967) met lui aussi en avant le lien intrinsèque avec l'État[3], dont la frontière fixe les limites de la souveraineté.

Si cette fonction de limite apparaît comme la plus largement mise en avant dans les définitions classiques des frontières[4], cela semble au détriment d'une autre fonction tout aussi importante, en particulier dans le contexte africain : celle de point de contact. En effet, de nombreuses frontières africaines sont à la fois les limites de la souveraineté d'États modernes, et l'expression de leur (au moins potentielle) interconnexion culturelle, économique et historique. De fait, ces frontières sont traversées par des dynamiques sociales convergentes et un sentiment de « communauté » dont rend bien compte l'un des grands spécialistes africains des frontières, le professeur Asiwaju (1970). Pour lui, les frontières « ont été tracées à travers des lignes de communication bien établies notamment dans chaque cas, un sentiment communautaire dormant ou actif, basé sur la

Regional Economic Communities (RECs) – can therefore be presented as the recognition by States of a form of unity political, economic and security destiny between countries of the same region.

- Border areas and unity of purpose in terms of regional security

The need for regional security and stability is one of the primary ambitions of Africa's RECs. Most RECs devote part of their regulations to one or the other aforementioned aspects, whether it is about preventing and combating terrorism, combating various forms of trafficking, or creating mechanisms for mediation between countries or within countries in crisis. For example, the Economic Community of West African States (ECOWAS) has established various regional instruments for conflict prevention and regional mediation[6], or for controlling the circulation of small arms and light weapons, [7] among others. Similarly in East Africa, member countries of the Intergovernmental Authority on Development (IGAD) encountering terrorism very early, created one of the first regional institutional frameworks on the continent devoted to preventing and combating terrorism in as early as 2003[8] (ICPAT, the Capacity

tradition relative aux origines ancestrales communes, des liens de parenté généralement solides, des institutions socio-politiques partagées et des ressources économiques communes, des coutumes et des pratiques communes, et quelques fois, l'acceptation d'une autorité politique commune ». [5]

Ce sentiment de communauté est l'un des fondements politiques les plus éloquents de la démarche d'intégration dans plusieurs régions du continent africain. Dans des régions où les frontières jouent à la fois le rôle de démarcation et de point de contact entre les États, les dynamiques régionales apparaissent comme l'expression de l'intégration au niveau politique et institutionnel, d'une logique communautaire existante de fait. Les cadres institutionnels de ces dynamiques régionales – désignées sous le terme générique de Communautés économiques régionales (CER) – se présentent dès lors, comme la reconnaissance par les États, d'une forme d'unité de destin entre pays de la même région sur le plan politique et économique, mais aussi dans le cas qui nous intéresse ici, sur le plan sécuritaire.

Building Programme against Terrorism). Consistently, due to the intensification of terrorist activity in the Sahel, the Lake Chad Basin, and the Greater Horn of Africa, these regional instruments were soon complemented with a new wave of arrangements: joint forces.

The G5 Sahel Joint Force (FC-G5S) created in 2014, and the Multinational Joint Force against Boko Haram in the Lake Chad Basin (MNJTF) converted into a regional force in 2015[9] are part of this generation of regional military arrangements geared towards ad-hoc missions to secure the cross-border areas where they are deployed[10]. Their multinational and cross-border nature, combined with the status of the forces involved (essentially military, with offensive mandates), testify to the beginning of two interesting new dynamics in the conception of regional security and stability. First, public policies now take into account the need for military cooperation with neighbouring countries as an integral part of national security. Additionally border areas are at the centre of this need for cooperation.

- The double need for security and development in crossborder cooperation

The objective of securing and strengthening state

- Espaces frontaliers et unité de destin en matière de sécurité régionale

Le besoin de sécurité et de stabilité régionale s'inscrit au rang des ambitions premières dans les CER du continent. La plupart de ces institutions consacrent d'ailleurs une partie de leurs règlementations à l'un ou à l'autre de ces aspects, qu'il s'agisse de prévention/lutte contre le terrorisme, de lutte contre les divers trafics, ou de mécanismes de médiation entre pays ou à l'intérieur de pays en crise. Ainsi par exemple, la Communauté économique des États d'Afrique de l'Ouest (CEDEAO) a mis en place divers instruments communautaires pour la prévention des conflits et la médiation régionale[6], ou le contrôle de la circulation des armes légères et de petit calibre[7] entre autres. De même en Afrique de l'Est, les pays membres de l'Autorité intergouvernementale pour le développement (IGAD) très tôt confrontés au terrorisme, ont créé l'un des premiers cadres institutionnels régionaux du continent, consacré à la prévention/lutte contre le terrorisme dès 2003[8] (l'ICPAT, le Programme de renforcement de capacités contre le Terrorisme). Cependant, avec l'intensification de l'activité terroriste dans le Sahel, le Bassin du Lac Tchad, et la Grande Corne de l'Afrique, ces instruments régionaux se sont control has been one of the triggers for the creation of cross-border security arrangements in various regions in Africa. While in some cases they fill an existing need, in many cases they provide a new framework – or overlap – to the bilateral actions usually set up by cross-border commissions or joint cross-border forces with shared command[11]. The changes thus introduced are taking place at various levels, and tend to give countries in the same region more extensive levers of control.

First and foremost, talking about the scope of activity, joint forces tend to cover wider areas to which flexible rather than rigid territorial boundaries (related to the security issue under discussion) apply. One example is that, the zone of intervention of the FC-G5 Sahel is partially defined by the area of activity of the terrorist groups present and active in the Sahel region and concentrated on border areas. They also have a range of motion within the territories of the member States. On top of that, unlike bilateral border forces, joint forces are increasingly moving towards unified command structures at the strategic level[12], and towards national commands at the operational level. Theoretically, this favours a unity of strategic objectives, and the improvement of coordination efforts, for

rapidement complétés par une nouvelle vague de dispositifs : les forces conjointes.

La Force conjointe du G5 Sahel (FC-G5S) créée en 2014, et la Force multinationale mixte contre Boko Haram dans le Bassin du Lac Tchad (MNJTF) transformée en force régionale en 2015[9] font partie de cette génération de dispositifs militaires régionaux portée vers des missions ad-hoc de sécurisation des territoires transfrontaliers où ils sont déployés[10]. Leur caractère multinational et transfrontalier, combiné au statut des forces engagées (essentiellement militaires, y compris avec des mandats offensifs), témoignent de l'amorce de deux nouvelles dynamiques intéressantes dans la conception de la sécurité et de la stabilité régionales. En premier lieu, les politiques publiques prennent désormais en compte le besoin d'une coopération militaire avec les pays voisins, comme partie intégrante de la sécurité nationale ; et en second lieu, les espaces frontaliers sont au centre de ce besoin de coopération.

- Coopération transfrontalière : la double nécessité de sécurisation et de développement

L'objectif de sécurisation et de renforcement du contrôle des États a été l'un des éléments matters pertaining to territorial networking and the breakdown of strategic ambitions into simple operational objectives. Finally, in addition to the need for security, there is now the need to support the development of the concerned border areas with new institutional instruments such as cross-border cooperation commissions, especially in West Africa.

Between 2018 and 2019, several bilateral or multilateral cross-border cooperation commissions were created or restructured on the continent. They all respond to the need to coordinate national security efforts, combatants and the proceeds of various trafficking activities. They ought to have a special focus on terrorism and the illegal circulation of weapons. Besides they now aim to strengthen the development of border areas which constitute an important component of this structure. This last objective is relatively new in the tradition of cross-border co-operation bodies. It actually reflects the awareness of a cross-border/regional dimension of criminality and terrorism, and it introduces the need to grasp borders as areas with their own community dynamics and with their set of specific development and public policies' needs. The relevance of these cross-border cooperation commissions varies according to whether they

déclencheurs de la création des dispositifs sécuritaires transfrontaliers dans les régions du continent. Si dans certains cas, ceux-ci viennent combler un besoin existant ; dans de nombreux cas, ils apportent un nouveau cadre – ou se superposent – aux actions bilatérales généralement mises en place par les commissions transfrontalières, ou les forces transfrontalières mixtes à commandement partagé[11]. Les changements ainsi introduits s'opèrent à divers niveaux, et tendent à donner aux pays d'une même région, des leviers de contrôle plus étendus.

D'abord, au niveau de l'espace d'application, les forces conjointes ont tendance à embrasser des espaces plus larges, auxquels s'appliquent des limites souples liées à la thématique sécuritaire abordée, plutôt que des limites territoriales figées. Ainsi, l'espace d'intervention de la FC-G5 Sahel par exemple, est défini en partie par la zone d'activité des groupes terroristes présents et actifs dans la région du Sahel, avec certes une concentration sur les espaces frontaliers, mais aussi la possibilité d'action à l'intérieur des territoires des pays membres. Ensuite, contrairement aux forces frontalières bilatérales, les forces conjointes s'orientent davantage vers des structures de overlap with vague competing arrangements, or whether they perceive cross-border geographical particularities[13] with the ambition of interpreting them as coherent *unit of control and development.*

Regional risks' dimensions: the coherent unit of control and development

The concept of a coherent unit of control and development represents one of the (many) angles of interpretation of regional risk. Our understanding of regional risk is that it is a cross-border or non-cross-border territorial space, fulfilling at least three levels of continuity: spatial, economic and socio-cultural. Thus, spatial continuity would define the same geographical space whose only limits would be expressed by the limits of the other two levels of continuity. The particularity of such a political object in interpreting and dealing with cross-border or regional security risk is that it makes it possible to restore the territorial dimension of the risk, while at the same time allowing sufficient control of the influence of state borders, which tend to become sources of distortion in the perception of practitioners.

As such, many territorial spaces (cross-border

commandement unifiées au niveau stratégique[12] et des commandements nationaux au niveau opérationnel. Ceci favorise théoriquement une unité d'objectifs stratégiques, et l'amélioration des efforts de coordination notamment en matière de maillage territorial et de déclinaison des ambitions stratégiques en objectifs opérationnels simples. Enfin, au besoin de sécurisation, s'ajoute désormais celui de l'accompagnement du développement des espaces frontaliers concernés, avec comme nouveaux instruments institutionnels notamment en Afrique de l'Ouest, des commissions de coopération transfrontalière.

Entre 2018 et 2019, plusieurs commissions bilatérales ou multilatérales de coopération transfrontalière ont été créées ou restructurées sur le continent. Elles répondent toutes au besoin de coordonner les efforts nationaux de sécurisation, avec une attention particulière au terrorisme et à la circulation illégale des armes, combattants et produits des divers trafics. De même, paramètre important de ces nouvelles structures, elles se donnent pour objectif désormais, de renforcer le développement des espaces frontaliers. Cet objectif est relativement nouveau dans la tradition des organes de coopération transfrontalière. Il témoigne d'une or not) across the African continent can be considered as coherent units of control and development. Examples include the W and Pendjari cross-bordering natural parks shared by Benin, Burkina Faso and Niger; the Ifoghas mountain range stretching from northern Mali to southern Algeria; the Tibesti on the northern border of Chad to the southern tip of the Libyan Fezzan and Cyrenaica, and a large portion of the Somali region in southeastern Ethiopia, border with western Somalia and north-eastern Kenya. It is not a coincidence that these areas refer to past or current conflict zones/gray zones (such as the Aouzou strip conflict between Chad and Libya), or the impact zone of the Ogaden war, and the independence ambitions of a Somali "state" in Ethiopia...) This is because coherent units of control and development can be valid measures of regional security risks, whether the latter have a political or criminal origin.

- Influence of the characteristics of the coherent unit of control and development on the evolution of the regional security risk

The relevance of such a concept as a tool for understanding – and for political involvement into – regional and cross-border security risk lies

part de la prise de conscience d'une dimension transfrontalière/régionale de la grande criminalité et du terrorisme, et introduit d'autre part la nécessité de saisir les frontières comme des espaces ayant leurs propres dynamiques communautaires et leurs besoins spécifiques en termes de développement et de politiques publiques. La pertinence de ces commissions est variable selon qu'elles se superposent à des dispositifs concurrents sans réelle délimitation des attributions par exemple, ou qu'elles capturent des particularités géographiques transfrontalières[13] avec l'ambition de les interpréter comme une *unité cohérente de contrôle et de développement.*

Dimensions du risque régional : l'unité cohérente de contrôle et de développement

Le concept d'unité cohérente de contrôle et de développement représente l'un des (nombreux) angles d'interprétation du risque régional. Nous comprenons par unité cohérente de contrôle et de développement, un espace territorial transfrontalier ou non, remplissant au minimum trois niveaux de continuité : spatiale, économique et socioculturelle. Ainsi, la continuité spatiale définirait un même espace géographique mainly in its core characteristics. In the first place, the socio-cultural continuity that characterises coherent units of control and development is expressed by a strong sense of local belonging, which stems from sharing either the same ethnic origin, the same way of life, or having similar political and social conditions. Settlements in these areas, which sometimes straddle the territories of several States, develop a sense of community that we have previously described as "cross-border communities".

Then, this community spirit gets much stronger, because the concerned populations share the same economic space, its resources, its means of production and its trading places and modes etc. Understanding these intra-community dynamics is therefore an asset for external actors and other stakeholders in security policies. One of the strategies of non-state/terrorist armed groups or criminal ecosystems linked to illegal trafficking is precisely to integrate themselves into these communities by providing services or performing functions that were poorly or inadequately supported by existing social and political structures[14]. It is therefore a parameter that must be taken into account in the priorities for calibrating or adapting the border security policies already or

dont les seules bornes s'exprimeraient par les limites des deux autres niveaux de continuité. La particularité d'un tel objet politique dans le cadre de l'interprétation et de la pise en charge du risque sécuritaire transfrontalier ou régional, est qu'elle permet de restituer la dimension territoriale du risque, tout en permettant un contrôle suffisant de l'influence des frontières étatiques qui ont tendance à devenir des sources de distorsion de la perception des praticiens.

À ce titre, de nombreux espaces territoriaux (transfrontaliers ou non) à travers le continent africain, peuvent être considérés comme des unités cohérentes de contrôle et de développement. Il peut s'agir par exemple des parcs naturels transfrontaliers du W et de la Pendjari partagés entre le Bénin, le Burkina Faso et le Niger, ou du massif montagneux des Ifoghas qui s'étend du nord du Mali au sud de l'Algérie, du Tibesti à la frontière nord du Tchad, jusqu'à l'extrémité sud du Fezzan et de la Cyrénaïque libyens, ou encore d'une vaste portion de la région Somali au sud-est de l'Éthiopie, frontalière avec l'ouest de la Somalie et le nord-est du Kenya... Il ne s'agit pas d'une coïncidence si ces espaces font référence à des zones de conflits/ zones grises passées ou actuelles (comme le conflit de la bande d'Aouzou entre le Tchad et la to-be implemented by regional institutions.

- What are the implications for public policy?

Taking coherent units of control and development into account in the definition of security policies at the State level is not a new practice on the African continent. As mentioned above, many joint (often bilateral) cross-border co-operation commissions created or restructured over the last decade tend to view borders as continuous spaces whose communities require similar or at least co-ordinated treatment in terms of development. This movement has been all the more accentuated in West Africa and the Sahel, where it is known that the regional security pressure exerted by terrorism takes advantage of the structural weakness of border areas. Thus, the generic objective of these cross-border commissions is to promote the proper establishment of States and of their administrative and security structures in these areas. However judicious it may be, the translation of this objective into action in the field may encounter challenges related to the characteristics of these coherent units of control and development. It is therefore necessary for

Libye, ou la zone d'impact de la guerre de l'Ogaden, et des ambitions indépendantistes d'un « état » Somali en Éthiopie...) C'est parce que l'unité cohérente de contrôle et de développement peut être une mesure valable du risque sécuritaire régional, qu'il soit d'origine politique ou criminelle.

- Influence des caractéristiques de l'unité cohérente de contrôle et de développement sur l'évolution du risque sécuritaire régional

La pertinence d'un tel concept comme outil de compréhension – et de prise en charge politique – du risque sécuritaire régional et transfrontalier tient principalement à ses caractéristiques fondamentales. En premier lieu, la continuité socioculturelle qui caractérise les unités cohérentes de contrôle et de développement s'exprime notamment par un sentiment d'appartenance local fort, qui découle du partage, soit d'une même origine ethnique, d'un mode de vie identique, ou de conditions politiques et sociales similaires. Les peuplements de ces espaces parfois à cheval sur les territoires de plusieurs États, développent à ce titre, un sentiment de communauté que nous avons qualifié précédemment de « communautés

States to adapt their security and development policies while considering the Community structure resulting from the three levels of continuity linked to these areas.

From then on the free movement of people and property (and of risk) represents within coherent units of control and development, an economic and a social structural achievement rather than a precept dictated from above – RECs, for example. The main consequence of this is that States' effort to have more or less control at their borders will almost systematically lead to a more or less frequent use of the bypass routes used by these communities. A restriction on the free movement of people and property would therefore be more a factor of the loss of State control than a mean of enhancing border security. In this context, States would gain more from securing spaces instead of border lines. One way to achieve this would be, for example, to strengthen community cooperation with security services. This also implies, among other things, adapting security services' border perception in order to bring it as close as possible to the communities' experience: that is, a continuous environment of life, economic, cultural activities and of social interactions, as an alternative to seeing them as the end of one

transfrontalières ».

Cet esprit communautaire se renforce d'autant plus, en second lieu, que ces populations partagent le même espace économique, ses ressources, ses moyens de production et ses lieux/modes d'échange ...etc. La compréhension de ces dynamiques intracommunautaires est donc un atout pour les acteurs externes et autres parties prenantes aux politiques de sécurisation. L'une des stratégies des groupes armés non-étatiques/terroristes ou des écosystèmes criminels liés aux trafics illégaux consiste précisément à s'intégrer à ces communautés, en offrant des services ou en remplissant des fonctions peu ou mal prises en charge par les structures sociales et politiques existantes[14]. C'est donc un paramètre qui doit être pris en compte dans les priorités de calibrage ou d'adaptation de politiques de sécurisation des espaces frontaliers mises en place par les institutions régionales.

- Quelles conséquences pour les politiques publiques ?

La prise en charge des unités cohérentes de contrôle et de développement dans la définition des politiques de sécurisation au niveau étatique n'est pas une pratique nouvelle sur le continent territory and the beginning of another.

africain. Ainsi que nous l'avons rappelé plus haut, de nombreuses commissions mixtes (souvent bilatérales) de coopération transfrontalière, créées ou restructurées au cours de la dernière décennie, tendent à appréhender les frontières comme des espaces continus dont les communautés nécessitent un traitement similaire ou au moins coordonné, en matière de développement. Ce mouvement s'est d'autant plus accentué en Afrique de l'Ouest et dans le Sahel, où l'on sait que la pression sécuritaire régionale exercée par le terrorisme tire bénéfice de la faiblesse structurelle des espaces frontaliers. Ainsi, l'objectif générique de ces commissions transfrontalières est de favoriser une bonne implantation des États et de leurs structures administratives et sécuritaires dans ces espaces. Pour judicieux qu'il soit, la déclinaison de cet objectif en actions sur le terrain peut se heurter à des écueils liés aux caractéristiques de ces unités cohérentes de contrôle et de développement. Il est donc parfois nécessaire pour les États d'adapter leurs politiques de sécurisation et de développement, en tenant compte de la structure communautaire découlant des trois niveaux de continuité liés à ces espaces.

À ce titre, la libre circulation des personnes et

NOTES

[1] The rule of inviolability of borders inherited from colonisation is crystallised in the Charter of the Organisation of African Unity (OAU), Resolution AHG/R.S 16(1); and the Constitutive Act of the African Union (AU), 2002, Article 4b.

[2] Montevideo Convention on the Rights and Duties of States, 26 December 1933, Article 1

[3] Prescott, J.R.V. (1967), Geography of frontiers and boundaries. London, pages 33-35.

[4] Like Prescott, the International Court of Justice (ICJ), for example, defines a boundary as "a line used to determine the territory and its limits (...) both land and sea." (ICJ Judgment of 3 February 1994, concerning the border conflict between the Libyan Arab Jamahiriya and the Republic of Chad, p. 20).

[5] Asiwaju, A.I. (1970), Partitioned Africans: Studies in Ethnic Relations across Africa's International Boundaries 1884 -1984, London: C. Hurst & Co. Publishers, page 3.[6] Protocol A/AP1/12/99 of 1999 relating to the Mechanism for Conflict Prevention, Management, Resolution, Peacekeeping and Security

[7] 2006 ECOWAS Convention on Small Arms and Light Weapons, Their Ammunition and Other Related Materials

[8] Ford, J (2011), African counter-terrorism legal frameworks a decade after 2001, Institute for Security Studies Monograph 177, Pretoria: Institute for Security Studies

[9] The MNJTF has existed since 1994 as the Nigerian National Task Force on Combating Organized Crime. It has been regionalised within the structural framework of the

des biens (et du risque) représente dans les unités cohérentes de contrôle et de développement, un acquis économique et social structurel davantage qu'un précepte dicté par le sommet – dans le cadre des CER par exemple. La principale conséquence en est que les efforts des États pour effectuer plus ou moins de contrôle au passage de leurs frontières, entraîneront quasi-systématiquement, une utilisation plus ou moins fréquente des voies de contournement empruntées par ces communautés. Une restriction de la libre circulation des personnes et des biens représenterait à ce titre, davantage un facteur de perte du contrôle des États qu'un moyen de renforcer la sûreté des frontières. Dans ce contexte, les États gagneraient plus à effectuer une sécurisation des espaces plutôt que des lignes frontières. L'un des moyens d'y parvenir serait par exemple de renforcer la coopération des communautés avec les services de sécurité. Cela implique aussi entre autres, d'adapter la perception que les services de sécurité ont de la frontière, afin de la rapprocher le plus possible du vécu des communautés : c'est-à-dire un milieu continu de vie et d'activités économiques, culturelles, et d'interactions sociales... plutôt que la fin d'un territoire et le début d'un autre.

Lake Chad Basin Commission (LCBC).

[10] These are ad-hoc arrangements in the sense that they are created to respond to a specific security issue (in this case, regional terrorism), in contrast to more general military arrangements such as ECOMOG - Ceasefire Monitoring Brigade (the military political stabilisation force in the framework of ECOWAS), at the regional level; or the African Standby Force (ASF) at the continental level. A first step in the development of African regional joint forces is undoubtedly the establishment in 2011 of the AU led RCI-LRA – Regional Cooperation Initiative for the Elimination of the LRA (the multinational force against the Lord's Resistance Army) created under the aegis of the African Union.

[11] This is the case, for example, of the Sudan-Chadian military force for the control of the border between the two countries.

[12] The G5 Sahel FC has adopted a rotating command (commanded by the Deputy Chief of Staff of the Niger Army, General Oumarou Namata Gazama at the time of writing this chapter); and the MNJTF is commanded by Nigerian Major General Ibrahim Yusuf.

[13] Such as the cross-bordering W Park shared between Benin, Burkina Faso and Niger.

[14] Researchers at the Institute for Security Studies (ISS), for example, have noted that under certain conditions, terrorist groups active in the Sahel have played a conciliatory and mediating role in inter-communal conflicts (including land and resource conflicts) existing prior to their establishment. (Lori-Anne Théroux-Bénoni et Baba Dakono, Les groupes terroristes attisent-ils les conflits locaux dans le Sahel?, ISS, 14 Octobre 2019).

NOTES

[1] La règle de l'intangibilité des frontières héritées de la colonisation est consacrée par la charte de l'Organisation de l'Unité Africaine (OUA), Résolution AHG/R.S 16(1) ; et par l'Acte constitutif de l'Union Africaine (UA), 2002, Article 4b.

[2] Convention de Montevideo sur les droits et les devoirs des États, 26 décembre 1933, Article 1

[3] Prescott, J.R.V. (1967), Geography of frontiers and boundaries. London, pages 33-35.

[4] Comme Prescott, la Cour Internationale de Justice (CIJ) définit par exemple la frontière comme « une ligne employée pour déterminer le territoire ainsi que ses limites (...) terrestres et maritimes. » (Jugement de la CIJ du 3 février 1994, au sujet du conflit frontalier entre la Jamahiriya Arabe Libyenne et la République du Tchad, p.20)

[5] Asiwaju, A.I. (1970), L'Afrique Partagée : Les relations Ethniques à travers les Frontières Internationales de l'Afrique 1884 -1984, London: C. Hurst & Co. Publishers, page 3.

[6] Protocole A/AP1/12/99 de 1999 relatif au Mécanisme de prévention, de gestion, de règlement des conflits, de maintien de la paix et de la sécurité

[7] Convention de la CEDEAO de 2006 sur les armes légères et de petit calibre, leurs munitions et autres matériels connexes

[8] Ford, J (2011), African counter-terrorism legal frameworks a decade after 2001, Institute for Security Studies Monograph 177, Pretoria: Institute for Security Studies

[9] La MNJTF existait depuis 1994 comme une task force nationale nigériane chargé de la lutte

***Claude Biao** is a specialist in conflicts and terrorism in Africa. Since 2016, he is senior political analyst and co-founder of Stake experts, a consulting firm specializing in political/ security risk analysis and monitoring, and decision-making support in volatile security contexts on the continent.*

contre la criminalité et le grand banditisme. Elle a été régionalisée dans le cadre structurel de la Commission du Bassin du Lac Tchad (CBLT).

[10] Il s'agit de dispositifs ad hoc dans le sens où ils sont créés pour répondre à une thématique de sécurité précise (en l'occurrence, le terrorisme régional), contrairement aux dispositifs militaires plus généraux comme l'ECOMOG – Brigade de surveillance des cessez-le-feu (la force militaire de stabilisation politique dans le cadre de la CEDEAO), au plan régional ; ou la Force africaine en attente (FAA) au plan continental. L'on trouvera sans doute une prémice de ce développement des forces conjointes régionales africaines dans la mise en place en 2011, de la RCI-LRA – Initiative de Coopération Régionale pour l'élimination de la LRA (la force multinationale de lutte contre l'Armée de résistance du Seigneur) créée sous l'égide de l'Union Africaine.

[11] C'est le cas par exemple de la force Soudano-Tchadienne pour le contrôle des frontière entre ces pays.

[12] La FC-G5 Sahel a adopté un commandement tournant (commandée par chef d'état-major adjoint de l'armée de terre du Niger, le général Oumarou Namata Gazama au moment de l'écriture de ce chapitre) ; et la MNJTF est commandée par le major général nigérian Ibrahim Yusuf.

[13] Comme le parc transfrontalier du W partagé entre le Bénin, le Burkina Faso et le Niger.

[14] Des chercheurs de l'Institute for Security Studies (ISS) on par exemple relevé que dans certaines conditions, les groupes armés terroristes actifs dans le Sahel, ont joué un rôle de conciliation et de médiation dans des conflits communautaires (notamment des conflits fonciers et luttes pour l'accès aux ressource) précédant leur implantation. (Lori-Anne Théroux-Bénoni et Baba Dakono, Les groupes terroristes attisent-ils les conflits locaux dans le Sahel ?, ISS, 14 Octobre 2019).

Claude Biao *est spécialiste des conflits et du terrorisme en Afrique. Depuis 2016, il est analyste politique principal et cofondateur du cabinet d'études-conseil Stake experts, spécialisé dans l'analyse et la veille du risque politique et sécuritaire, et l'aide à la décision en contextes sécuritaires volatiles sur le continent.*

Chap. -4

Major regional groupings

Les grands ensembles régionaux

The New African Union Commission headquarters building in Addis Ababa, Ethiopia, September 16, 2013 (© Derejeb)

18

AMU Arab Maghreb Union
Union du Maghreb Arabe

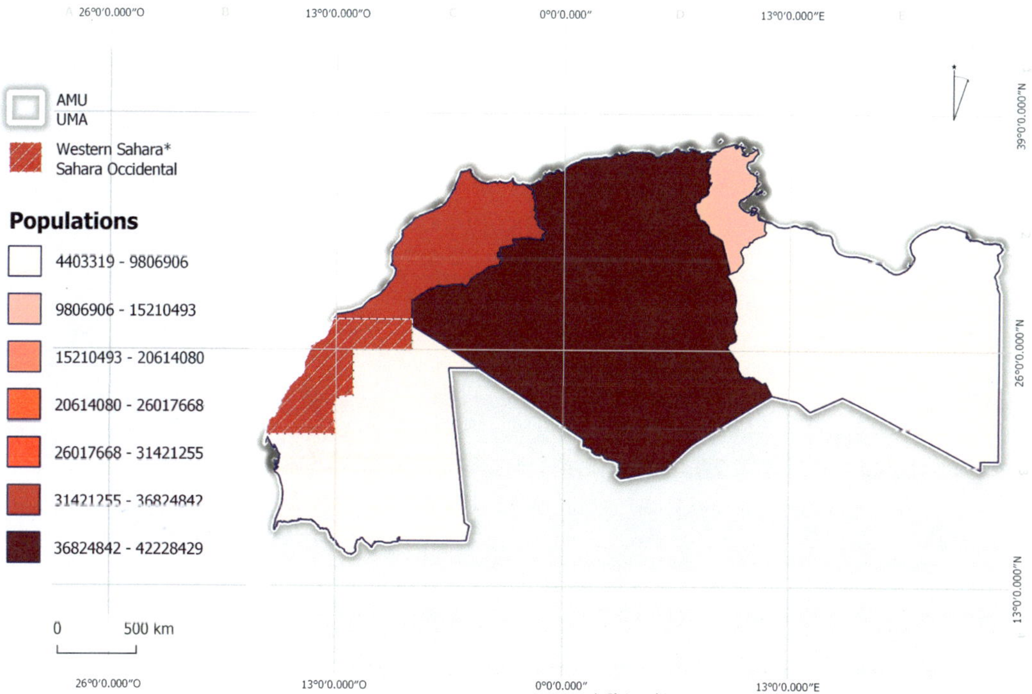

* Claimed Moroccan territory | Territoire marocain revendiqué

19

West Africa

The ECOWAS and WAEMU
La CEDEAO et l'UEMOA

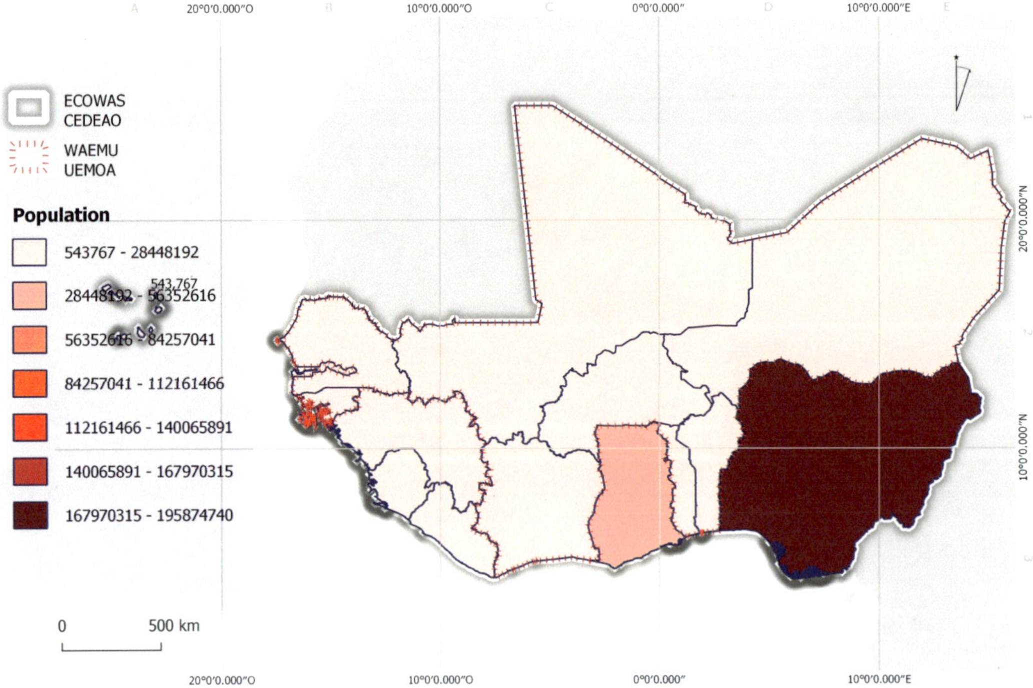

20

Central Africa ECCAS, EMCCA, and LCBC CEEAC, CEMAC et CBLT

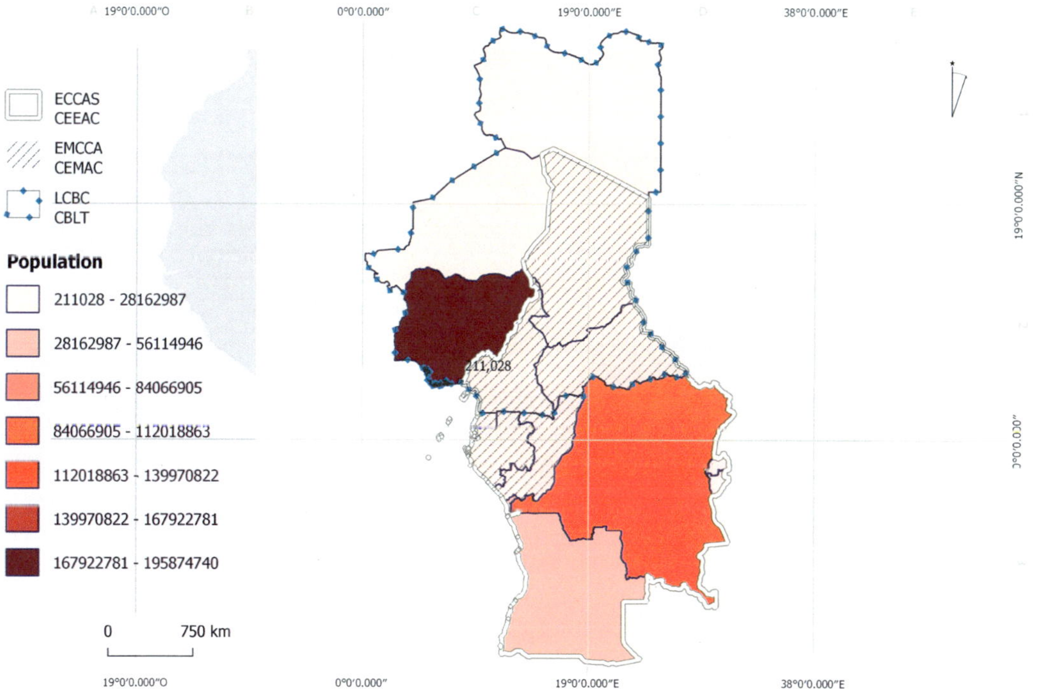

21

Eastern Africa

EAC, ICGLR, and IGAD
CEA, CIRGL et IGAD

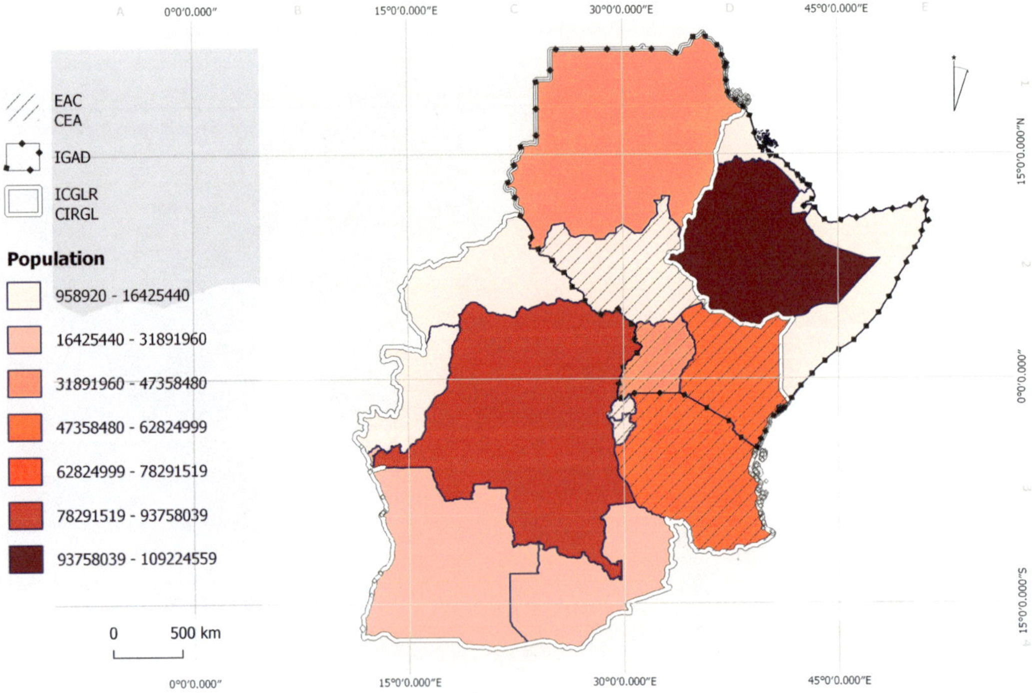

22

Southern Africa COMESA, SACU and SADC
COMESA, CDAA et UDAA

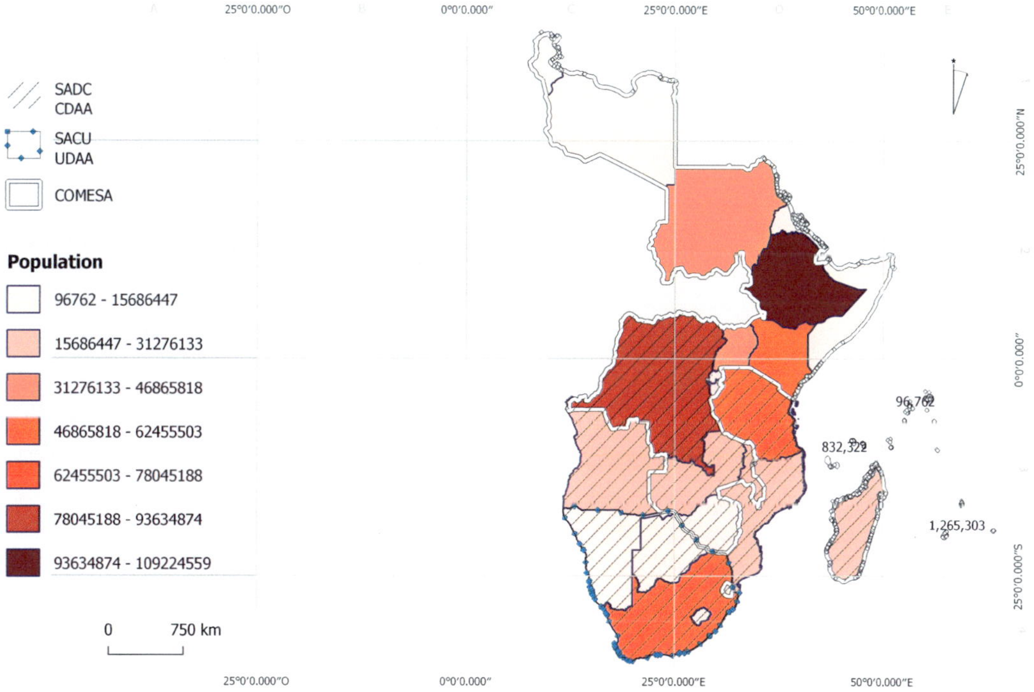

23

Counter-terrorism

Accra Initiative, FC-G5S, MNJTF, RCI-LRA
Initiative d'Accra, FC-G5S, FMM, ICR-LRA

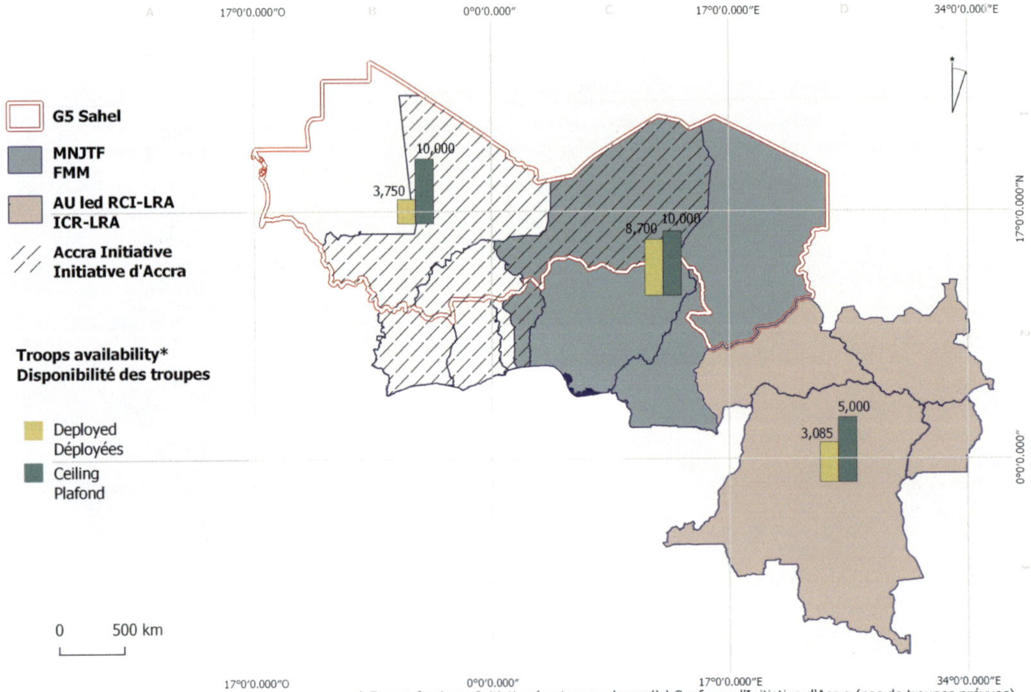

* Except for Accra Initiative (no troops planned) | Sauf pour l'Initiative d'Accra (pas de troupes prévues)

Chap. -5

Regional security dynamics

Dynamiques sécuritaires régionales

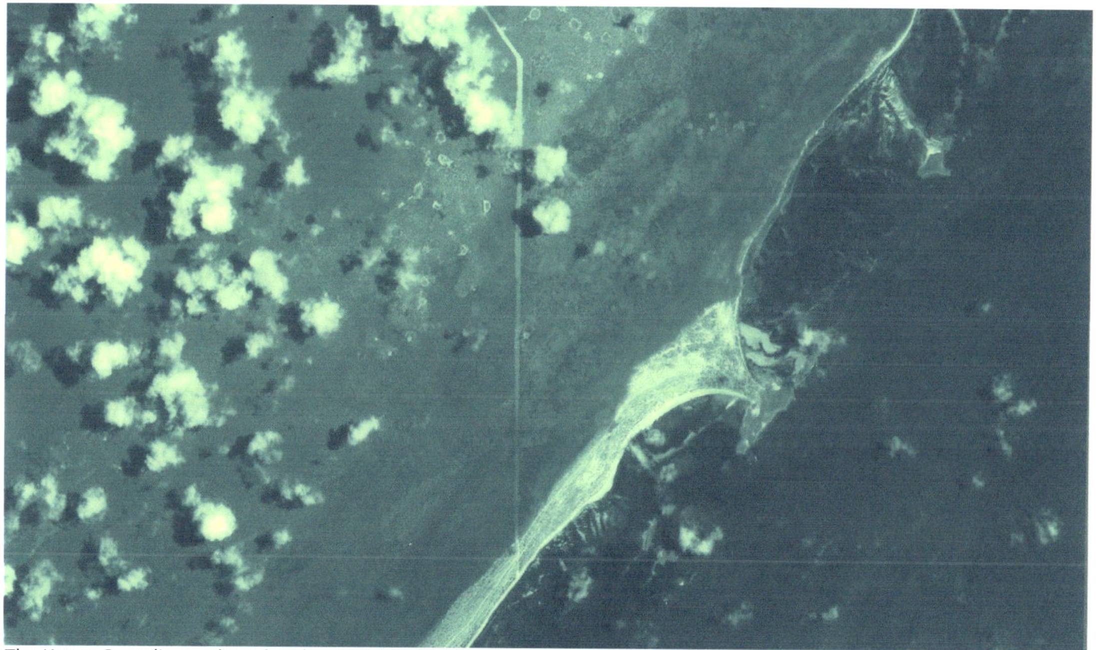

The Kenya-Somalia southern border, 23/03/2020 - Satellite photo: Sentinel-2B MSI1C, Res. 15m, Orbit. 6, Cloud cover. 12%

24

Sahel Complexification of the crisis and multiplication of players
Complexification de la crise et multiplication des acteurs

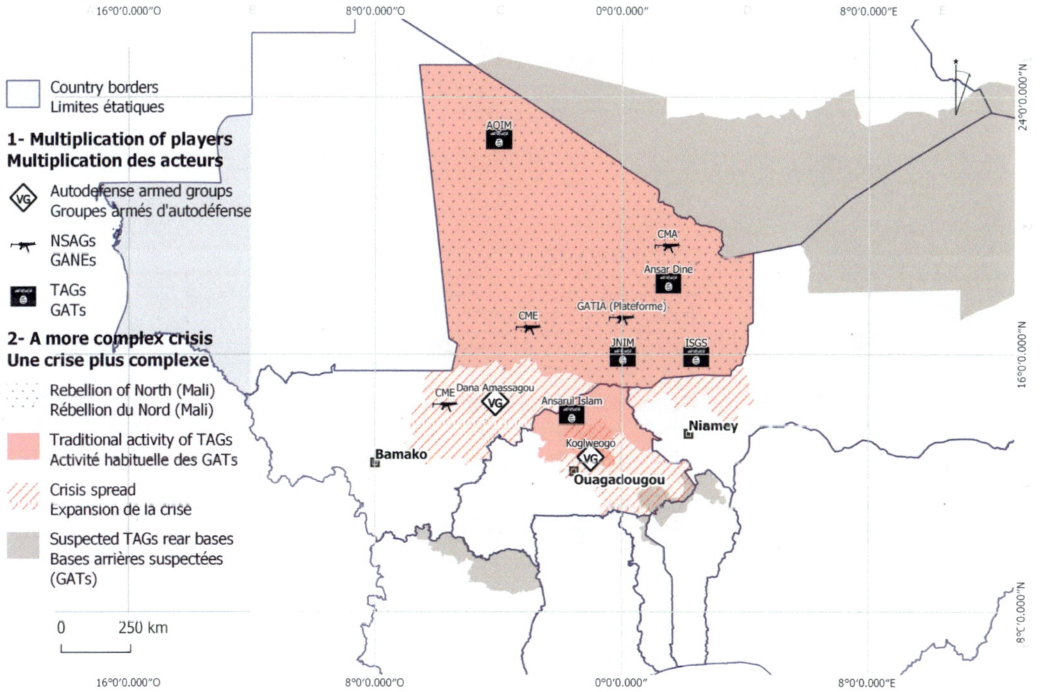

25

The Horn

Al-Shabaab spread from the Somali strongholds
Expansion d'Al-Shabaab depuis le foyer somalien

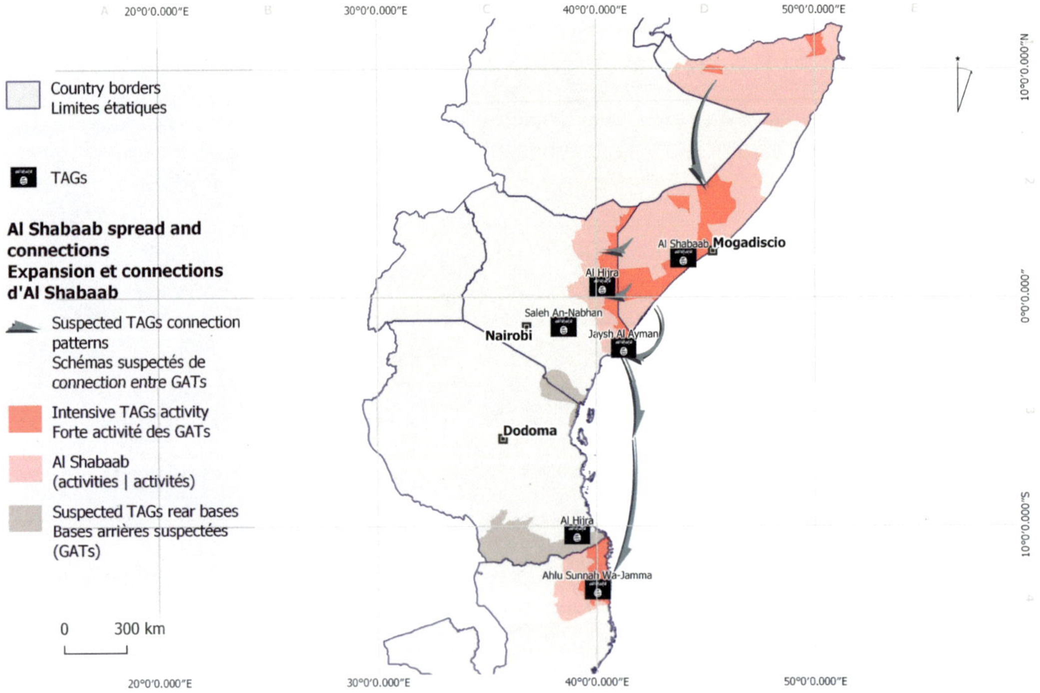

26

Lac Chad Basin

Boko Haram and ISWAP's sancturaries
Sanctuaires de Boko Haram et de l'ISWAP

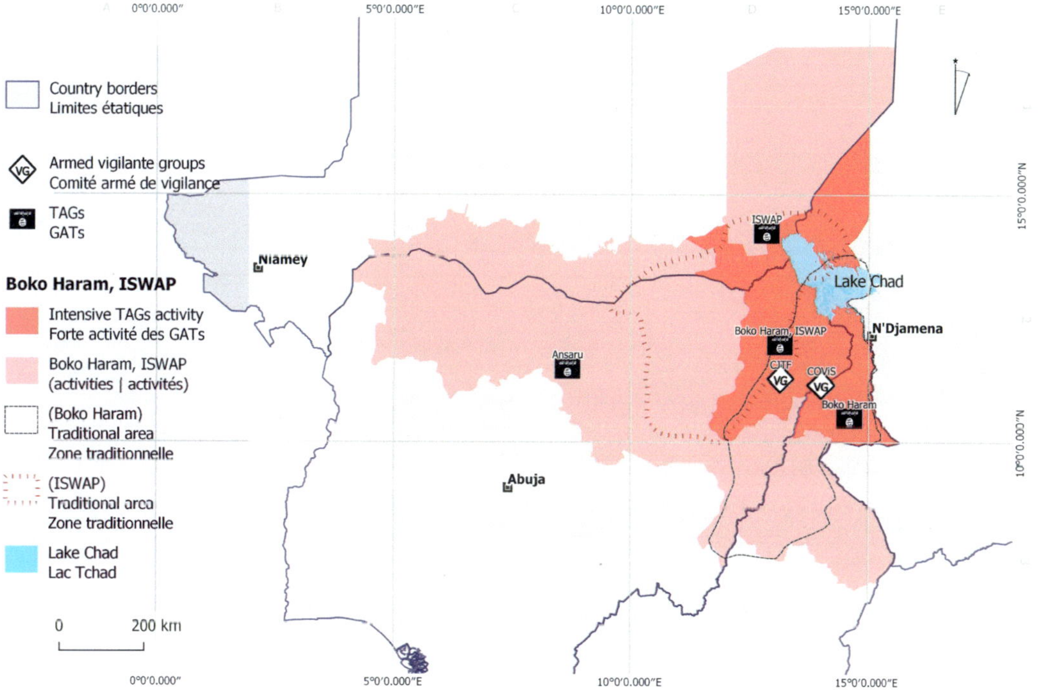

27

Chad-Sudan-CAR

Multilayer and crossborder crises
Crises transfrontalières et à plusieurs niveaux

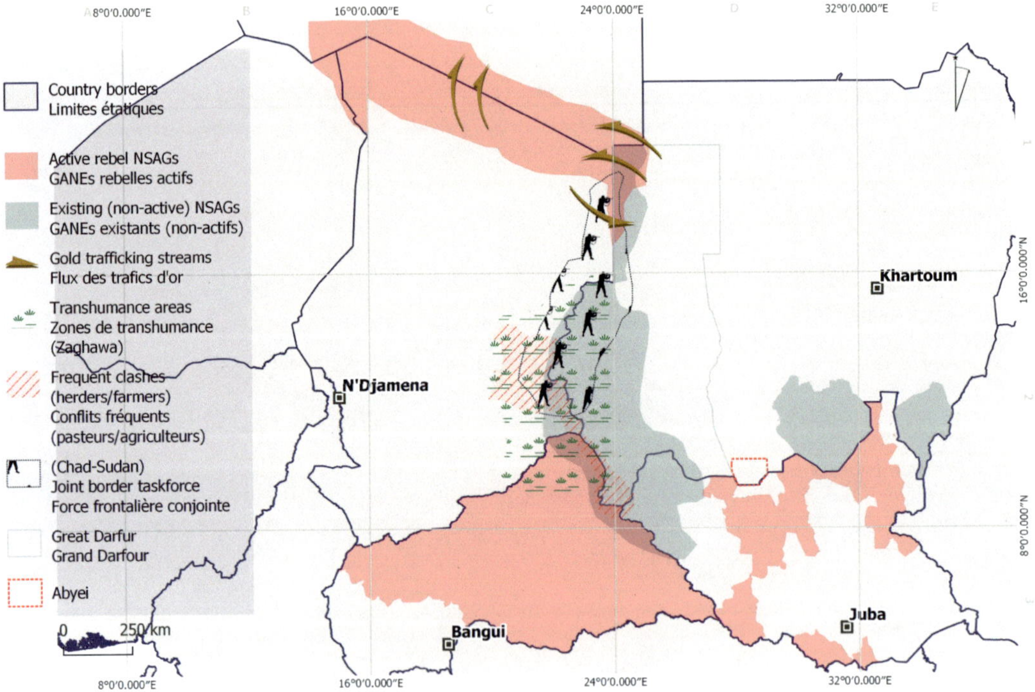

Cameroon-Nigeria

Increased instability of the border area
Instabilité accrue de la zone frontalière

28

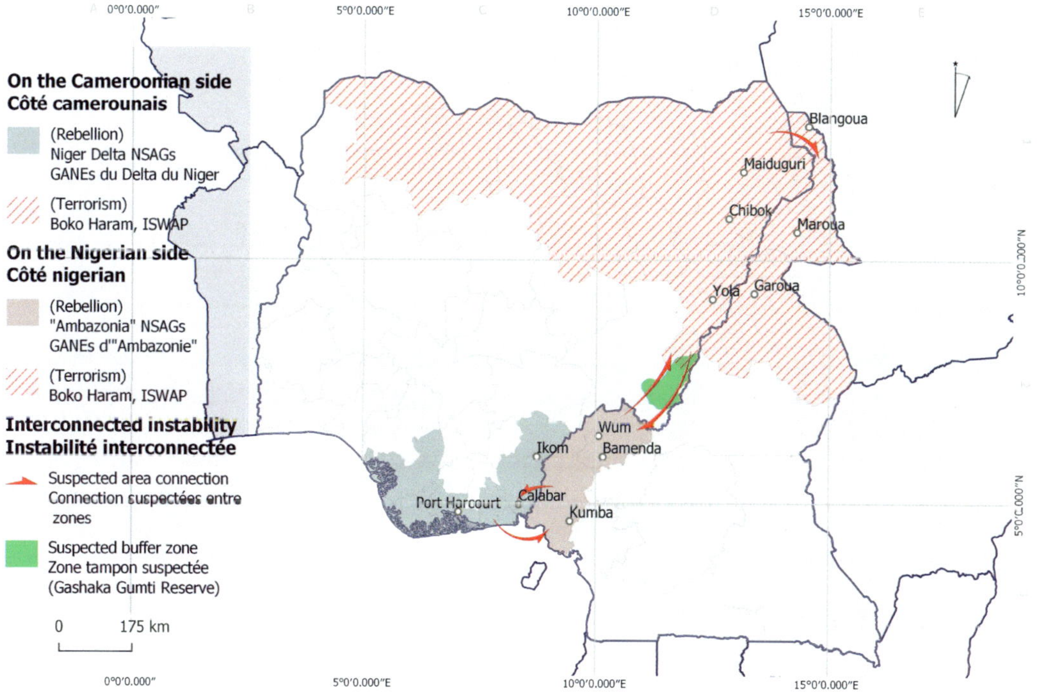

29

2018-2019 Maritime piracy in the Gulf of Guinea / Piraterie maritime dans le Golf de Guinée

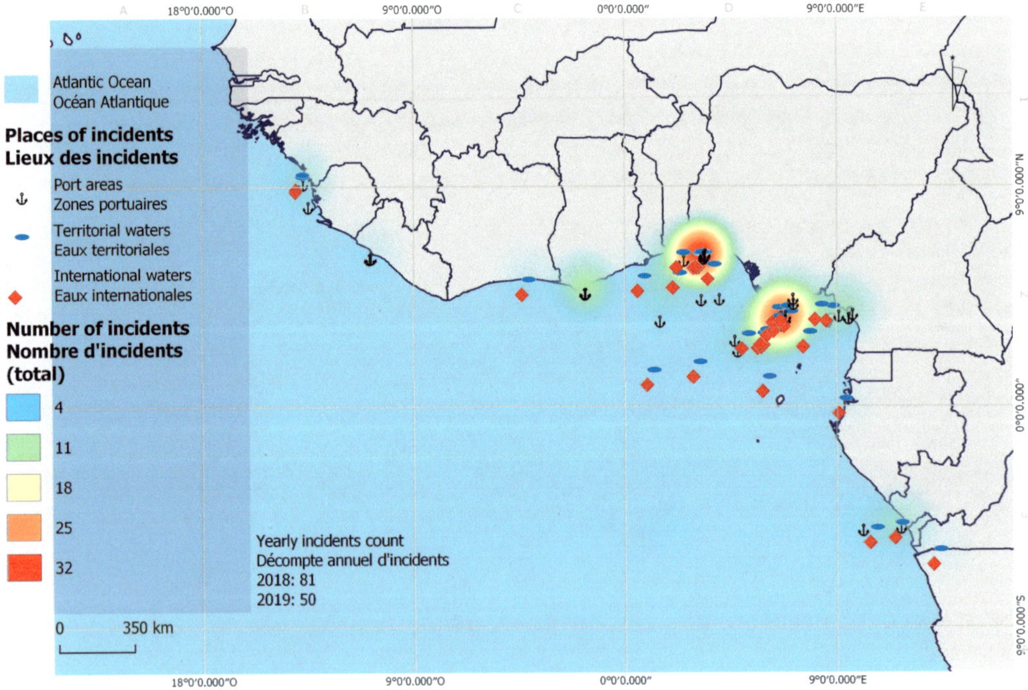

30

2018-2019 Maritime piracy in the Indian Ocean (African coastlines)
Piraterie maritime dans l'Océan Indien (Côtes africaines)

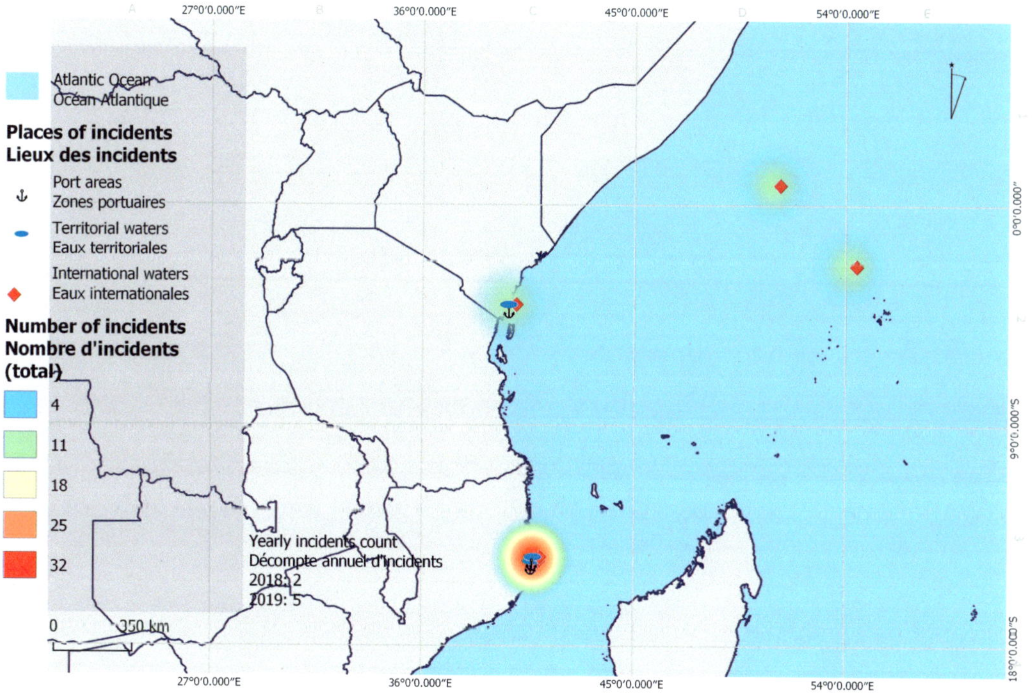

PART - III

PARTIE - III

Specific Symbology
Symbologie spécifique

1. Transport and logistics | Transport et logistique

International airports | Aéroports internationaux

Ports | Ports

Road network | Réseau routier

Primary roads | Routes principales

Secondary roads | Routes secondaires

Main railways | Principales lignes de chemins de fer

2. Security zones analysis | Analyse des zones sécuritaires

Red zone | Zone rouge

Grey zone | Zone grise

Special zone | Zone speciale

3. Territory | Territoire

Country borders | Limites étatiques

Administrative subdivision (Level 1) | Subdivision administrative (Niveau 1)

Water places | Points d'eau

Major cities/towns | Principales villes

Capital city | Capitale

Special status city | Ville à statut particulier

Town | Ville

Fighting populations
Populations combattantes

0.00‰ Military forces / Forces armées

0.00‰ NSAGs members / Membres de GANEs

x ‰ number per 1000 population
x ‰ nombre pour 1000 population

Population density
Densité de population

Lowest
Plus basse

Highest
Plus haute

31

Algeria | Algérie

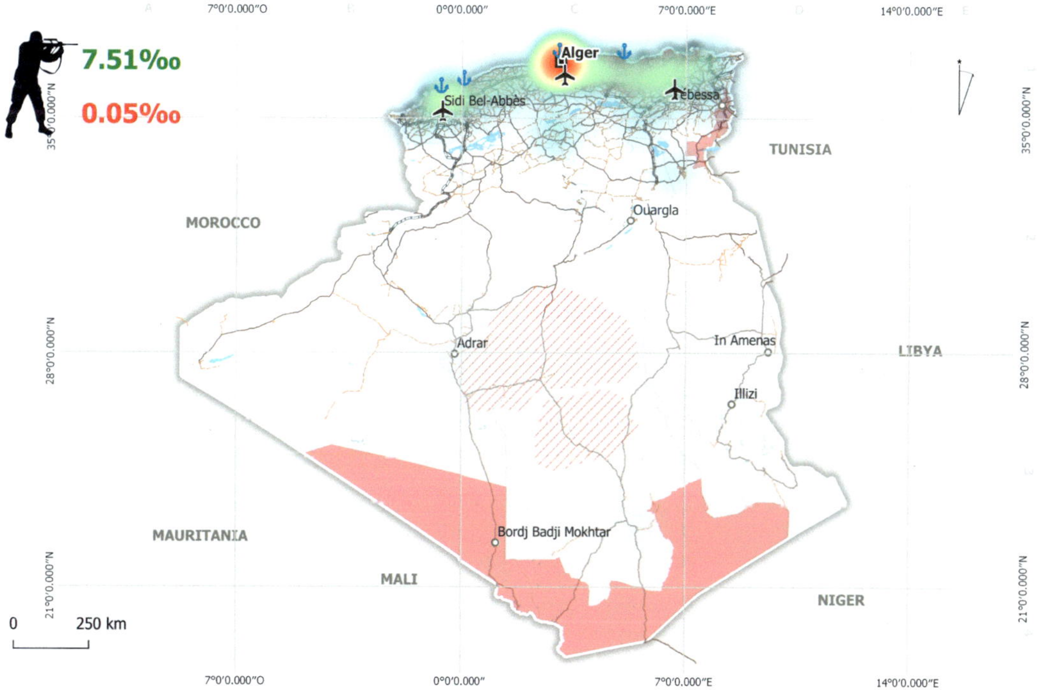

32

Angola | Angola

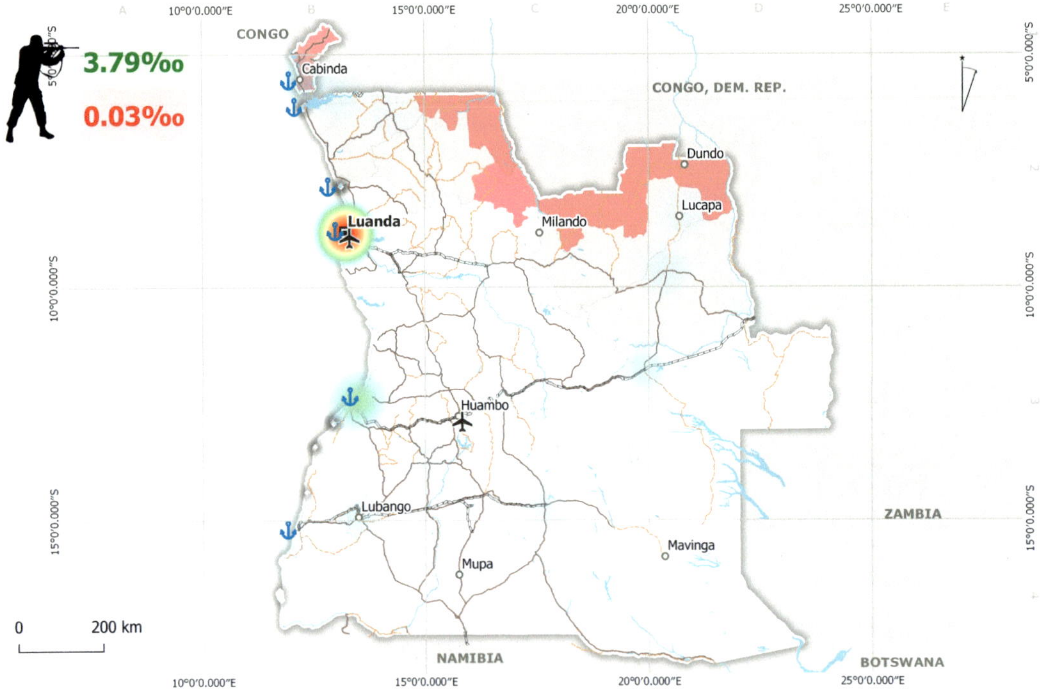

33

Benin | Bénin

1.04‰

0‰

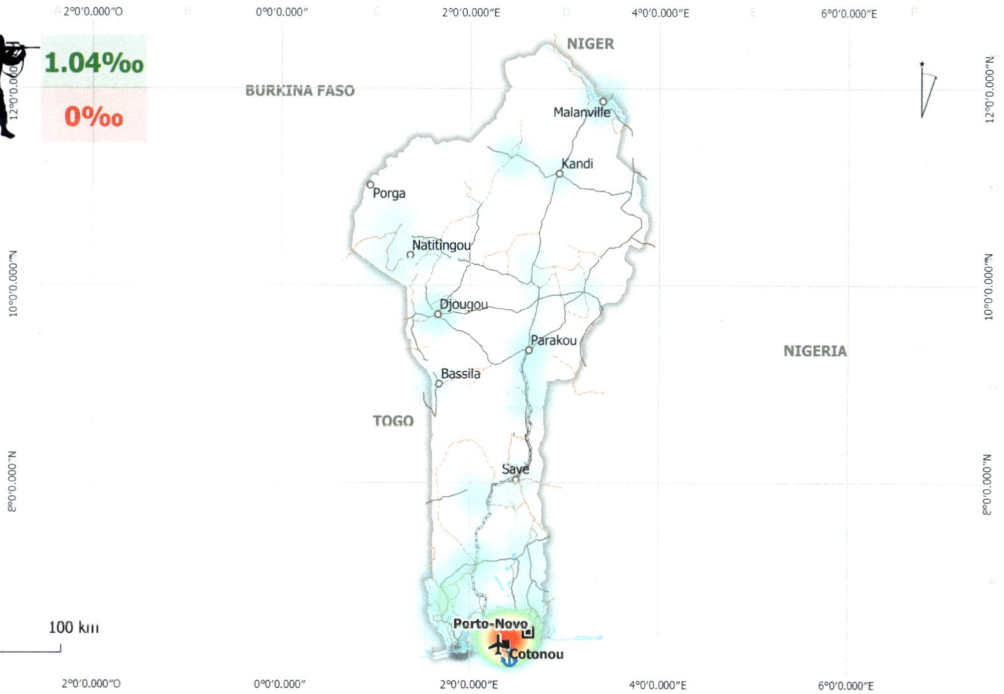

34

Botswana | Botswana

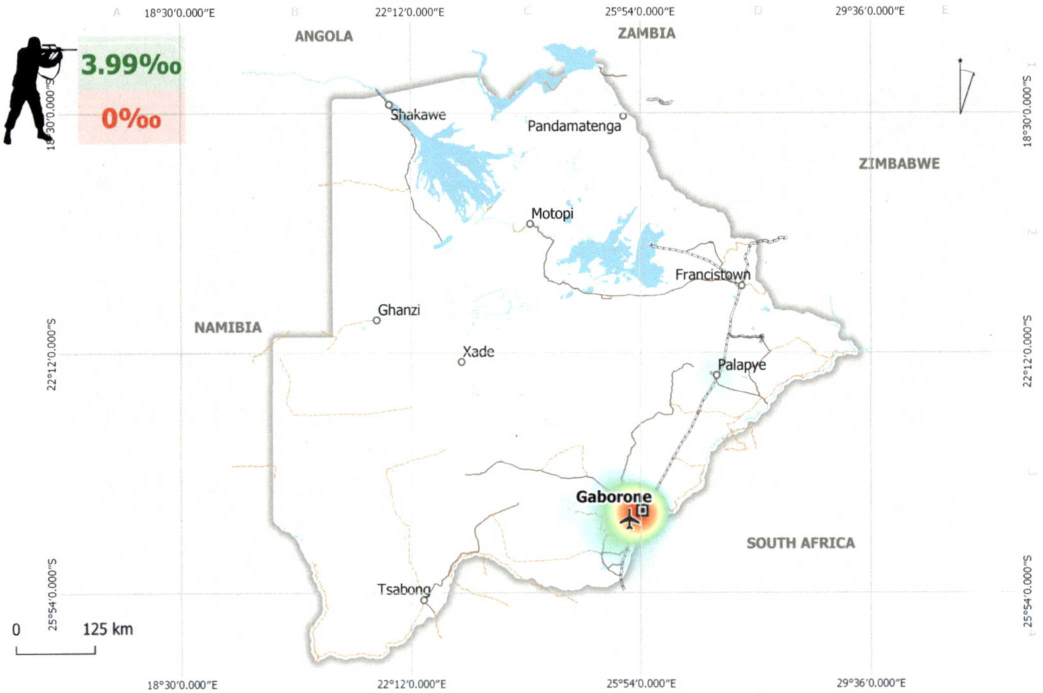

35

Burkina Faso | Burkina Faso

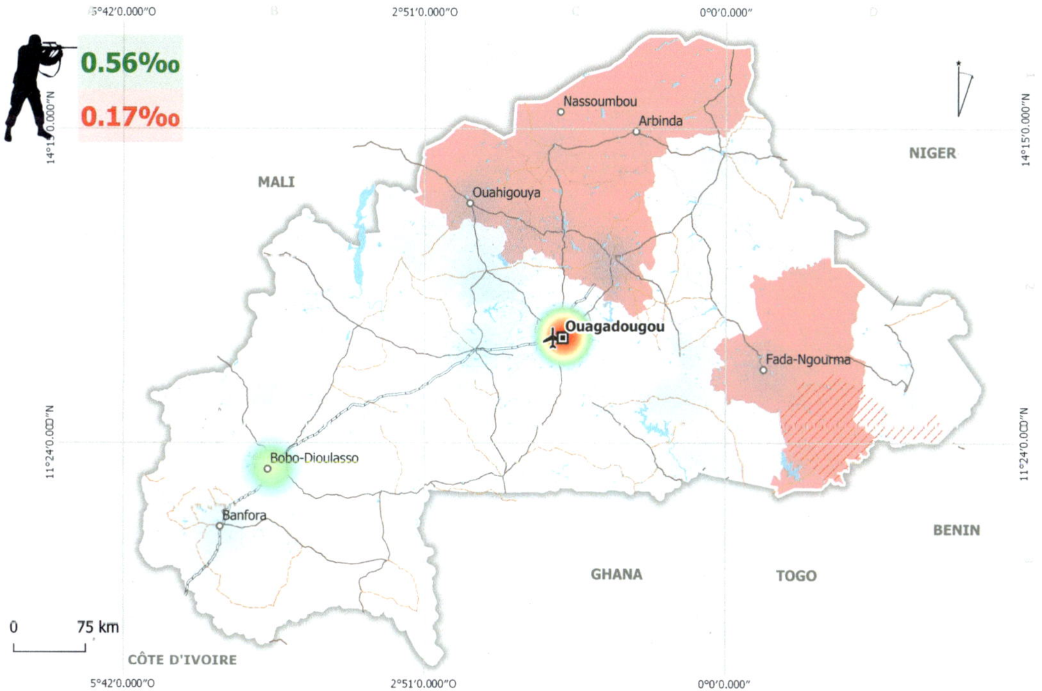

36

Burundi | Burundi

2.77‰

0.94‰

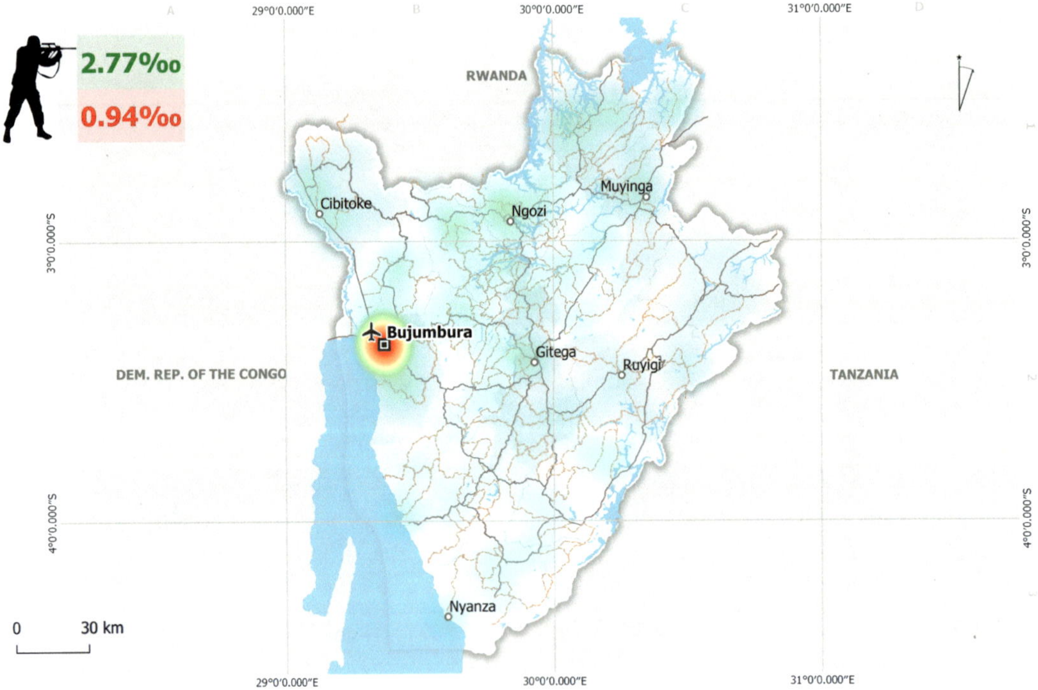

37

Cameroon | Cameroun

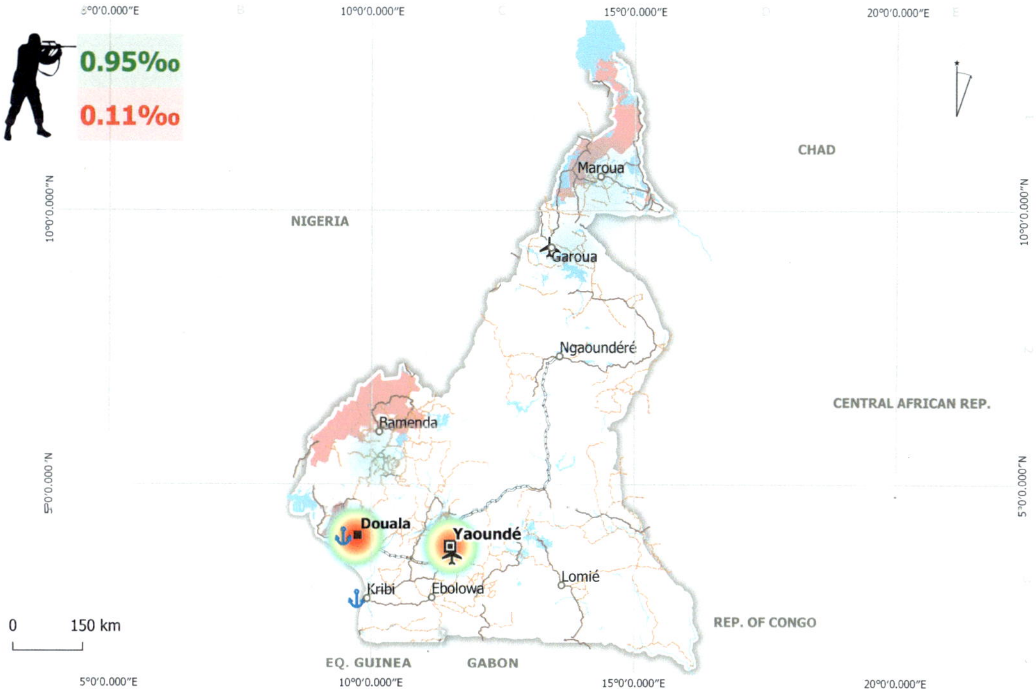

38

Cape Verde | Cape Verde

Central African Rep. | Rép. Centrafricaine

39

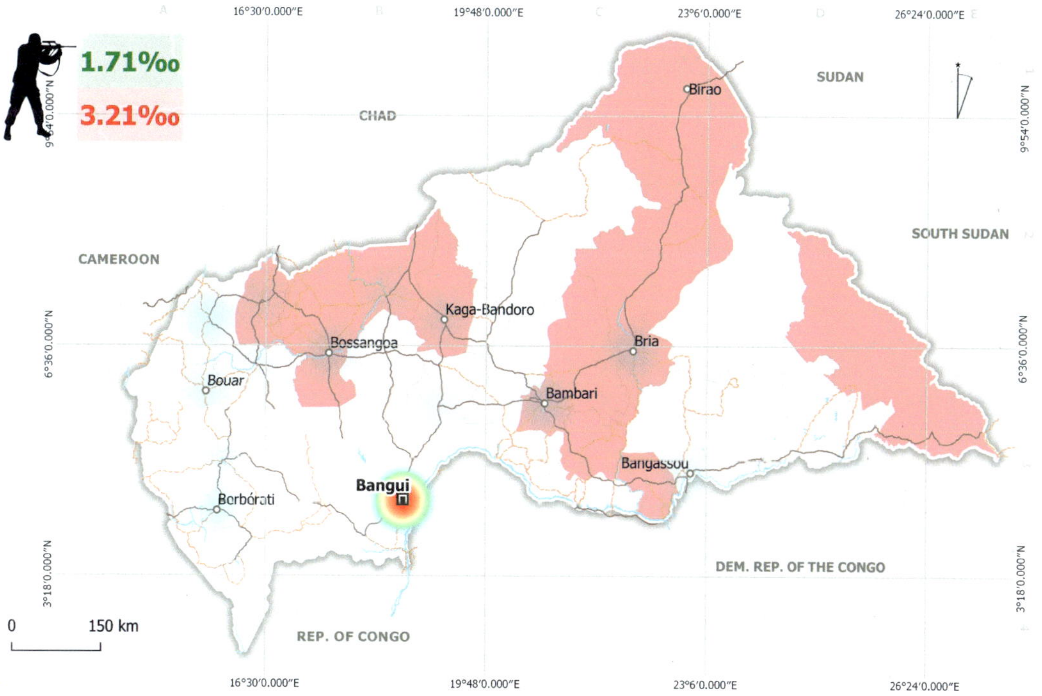

40

Chad | Tchad

Comoros | Comores

41

42

Congo, Rep. of the | Congo, Rep. du

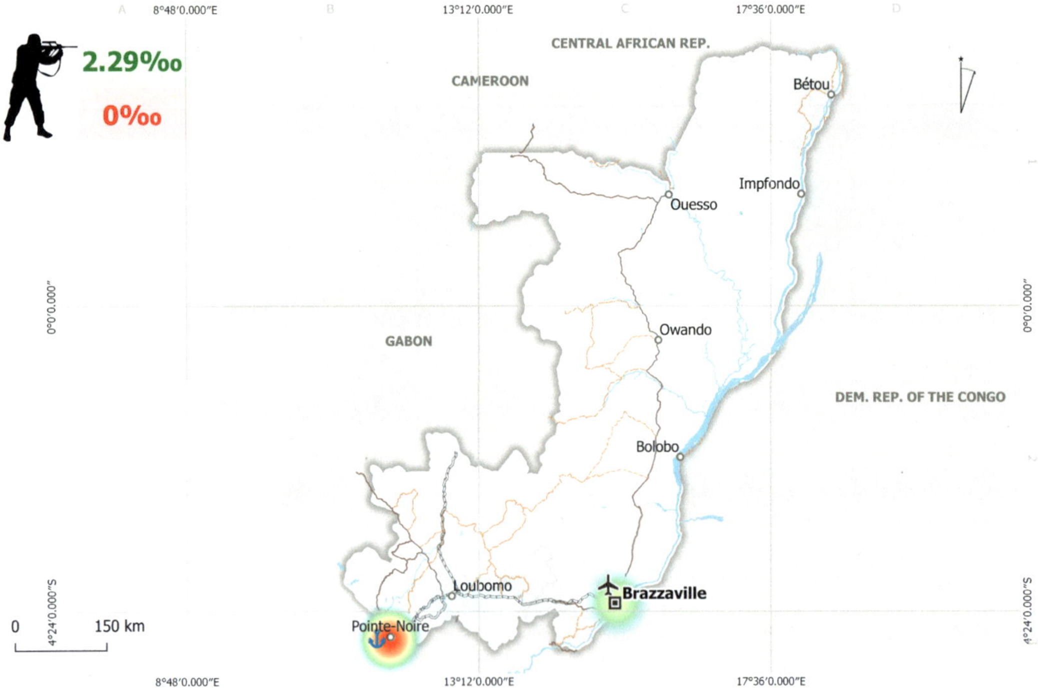

43

Côte d'Ivoire | Côte d'Ivoire

Congo, Dem. Rep. of the | Congo, Rép. Dém. du 44

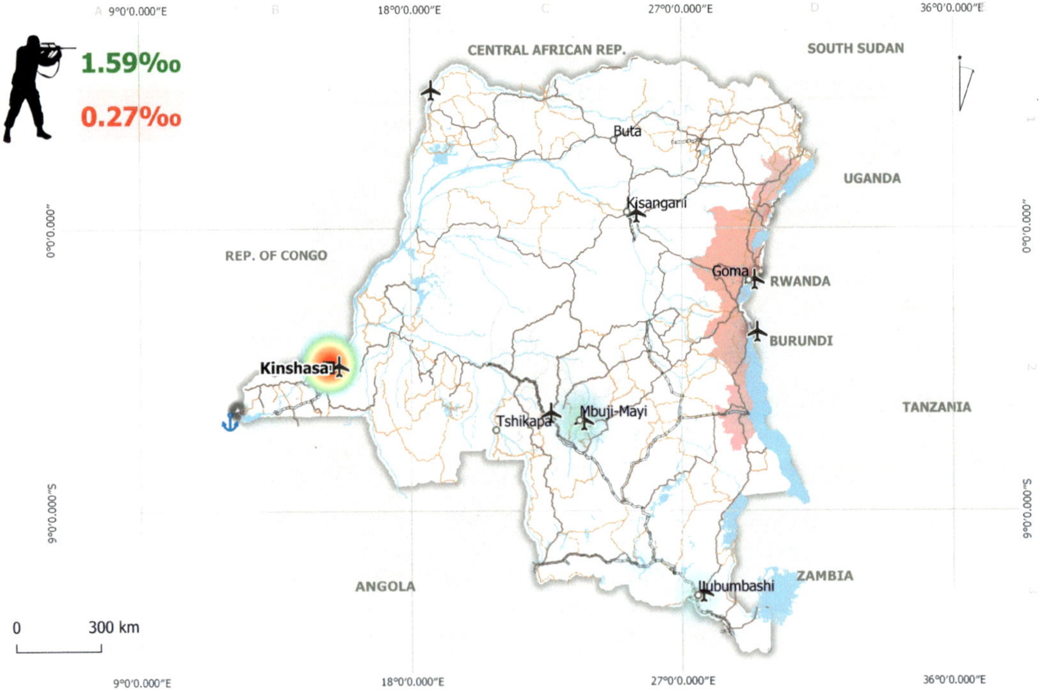

Djibouti | Djibouti

45

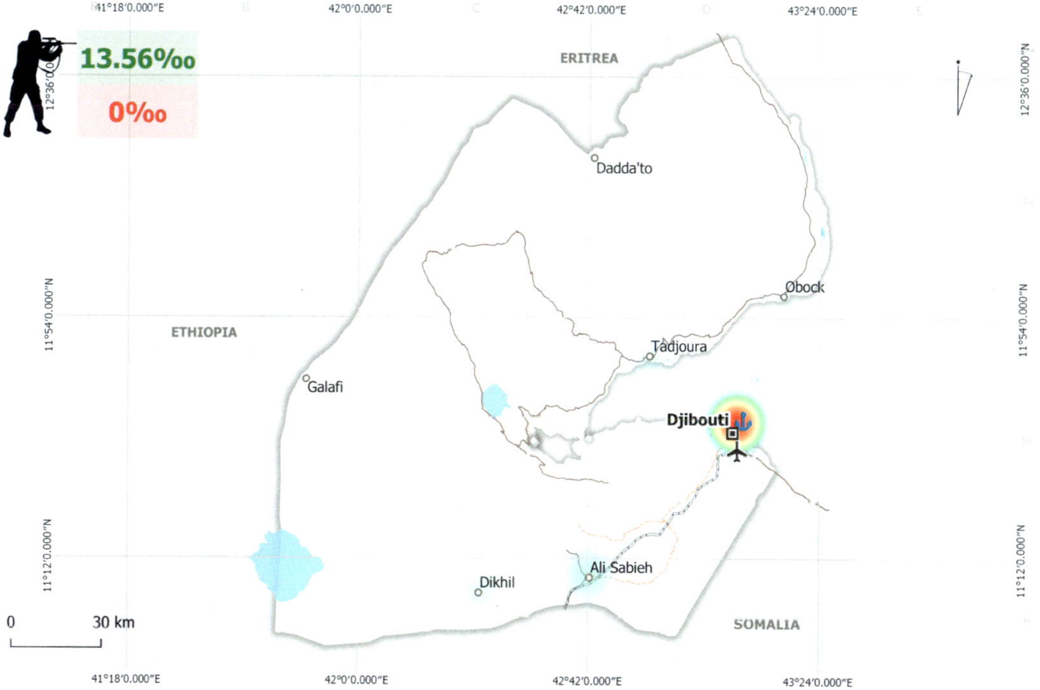

46

Egypt | Egyte

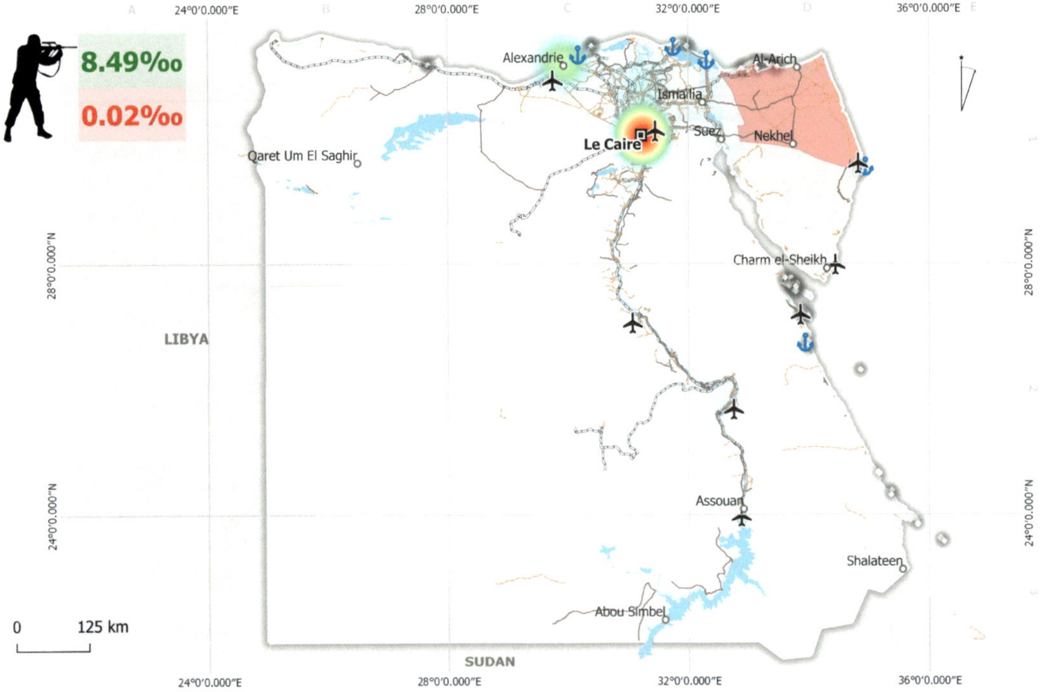

47

Equatorial Guinea | Guinée Equatoriale

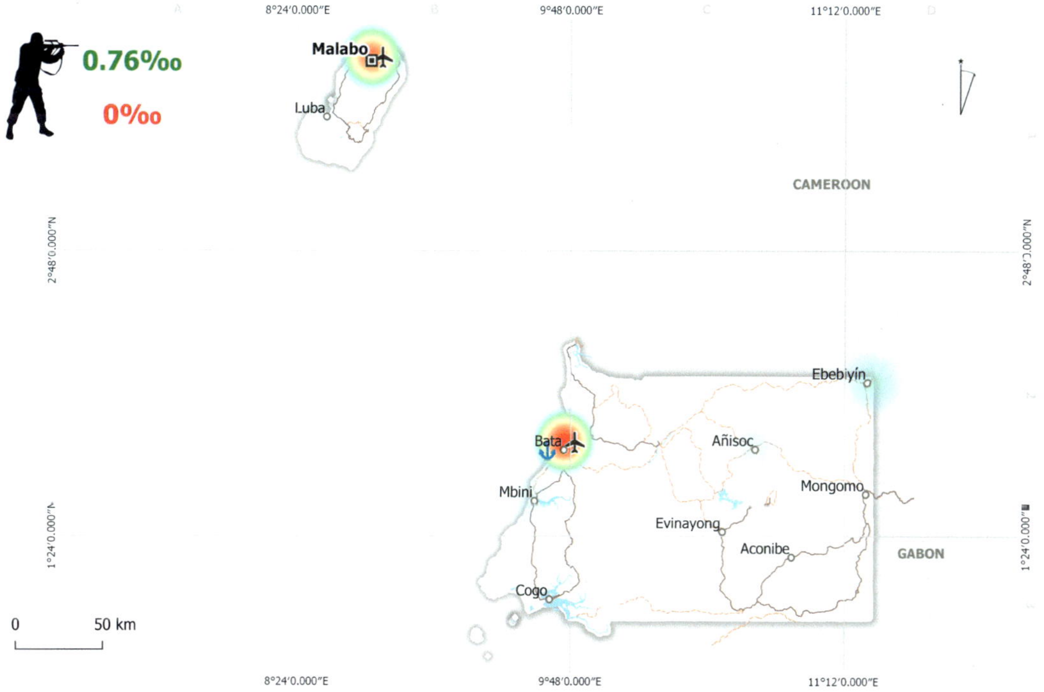

48

Eritrea | Erythrée

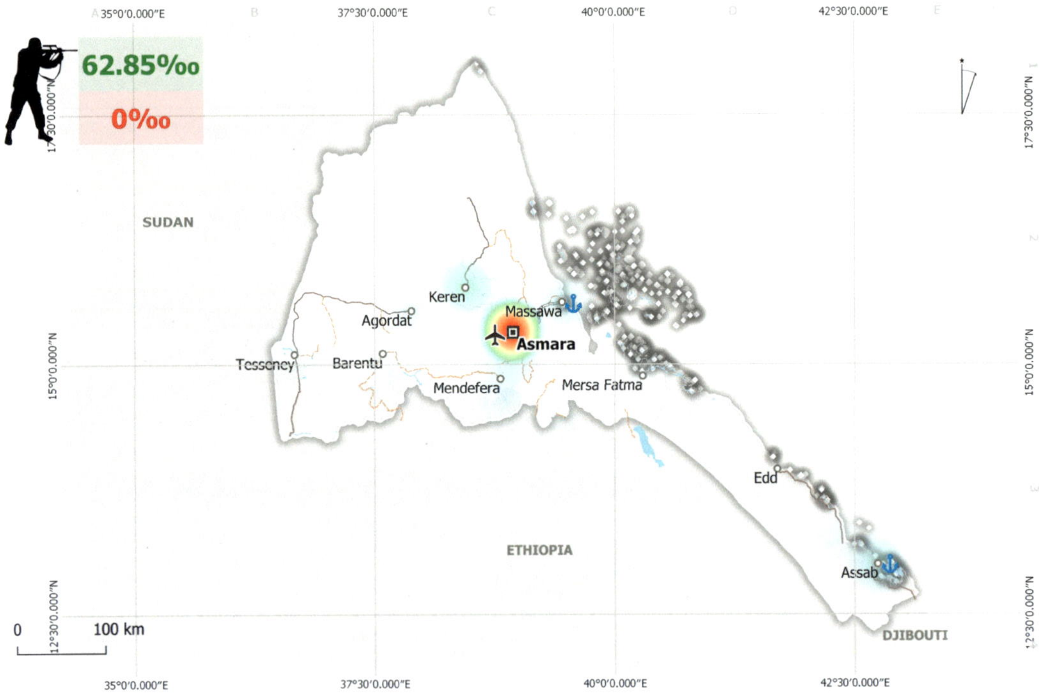

Ethiopia | Ethiopie

49

Gabon | Gabon

50

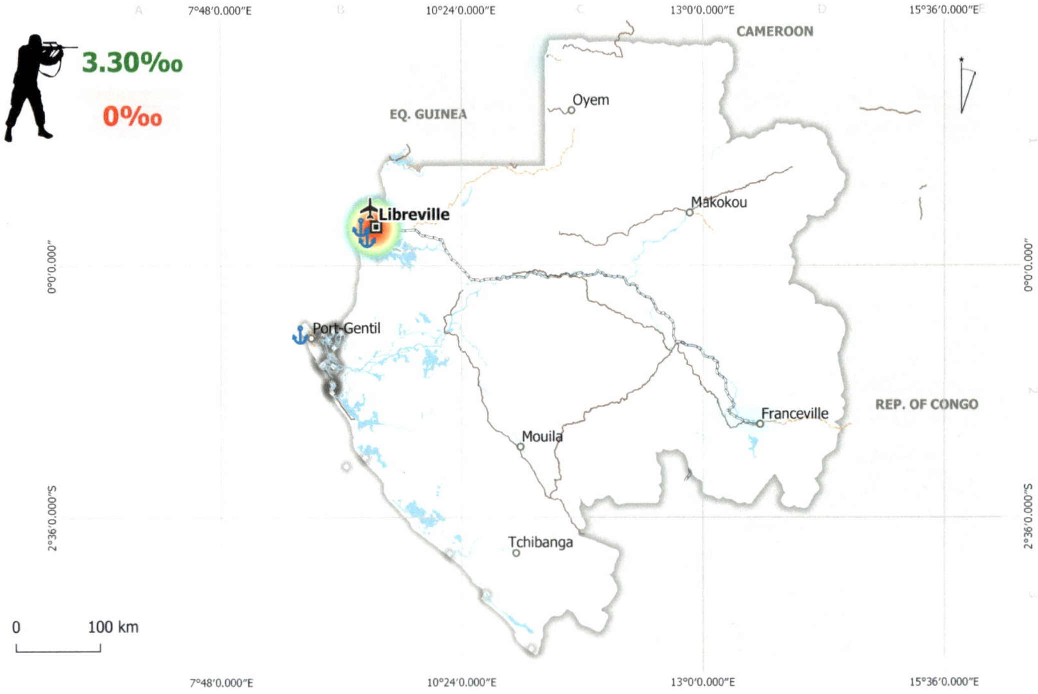

51

Gambia | Gambie

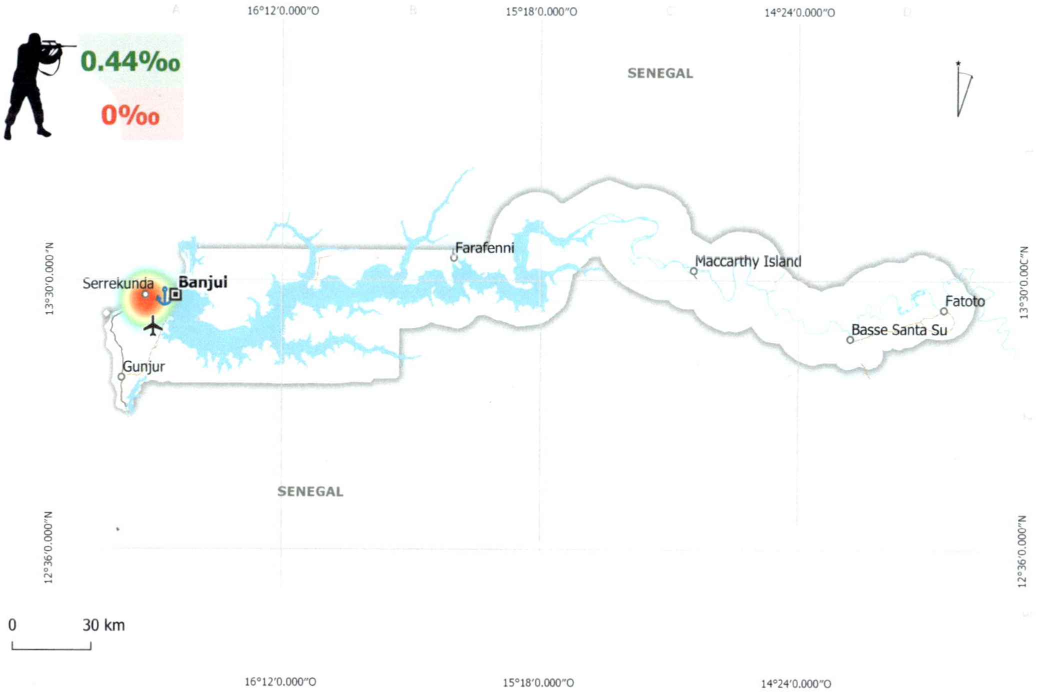

52

Ghana | Ghana

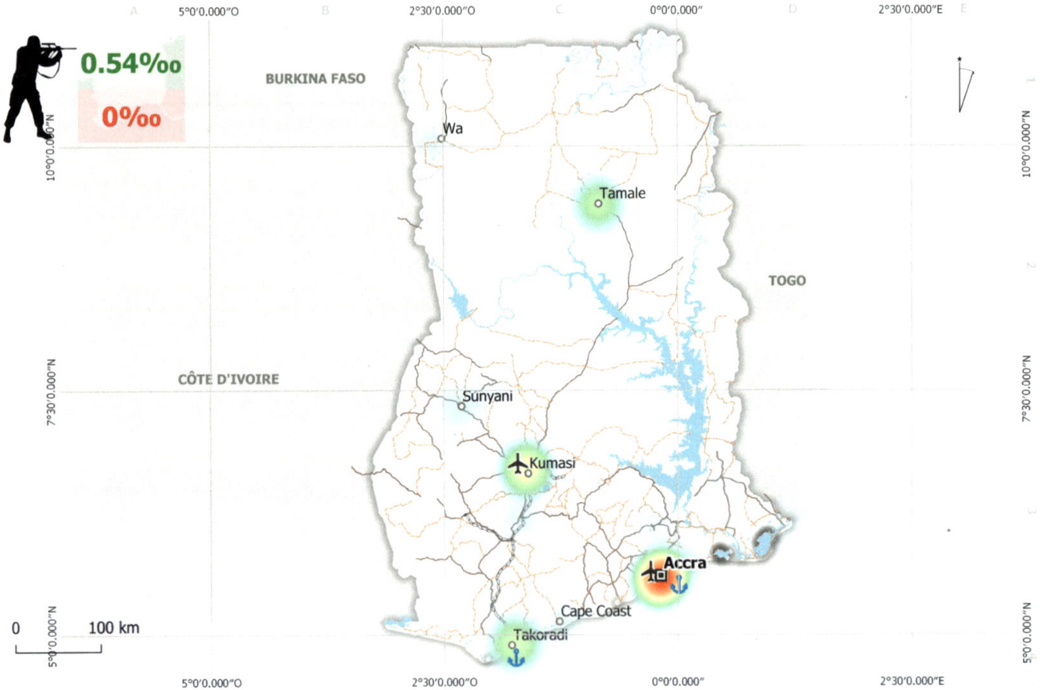

53

Guinea | Guinée

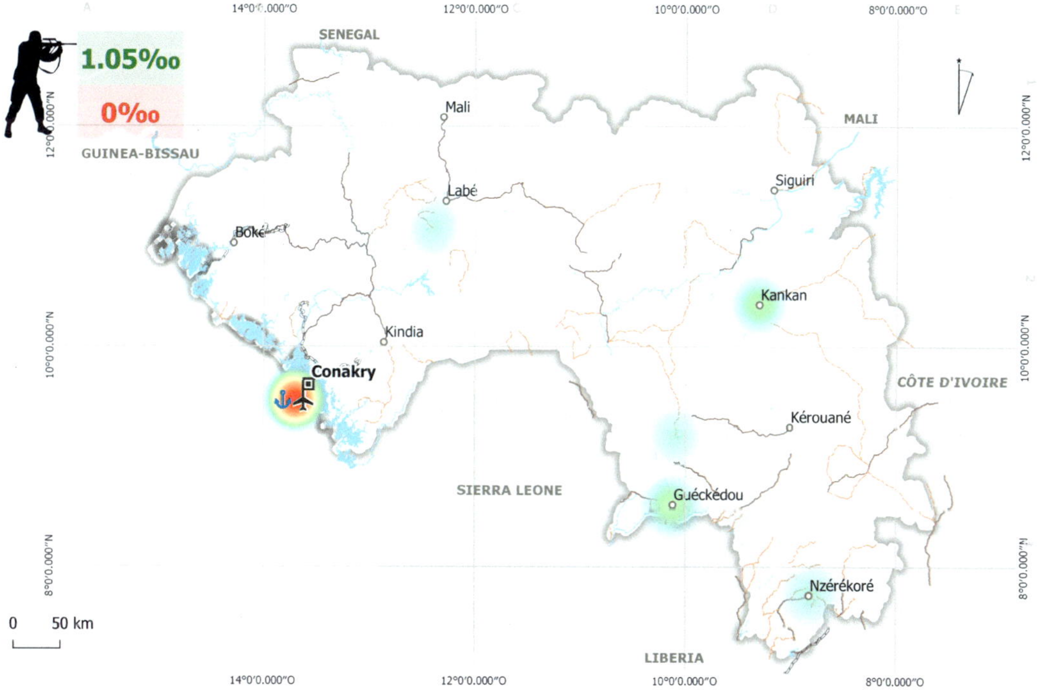

54

Guinea-Bissau | Guinée-Bissau

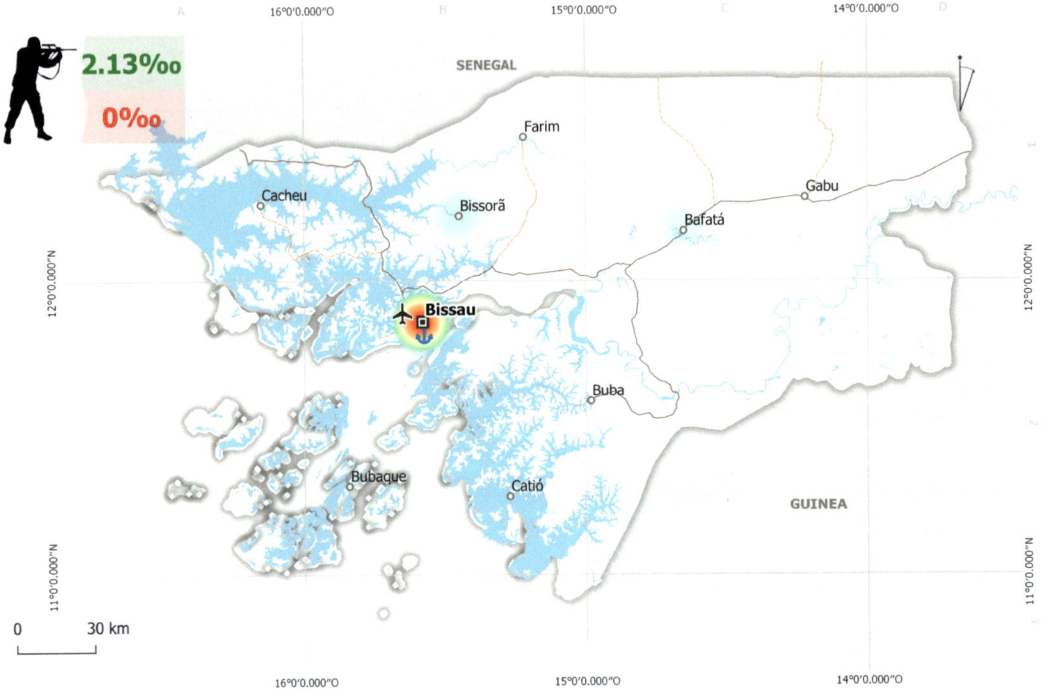

55

Kenya | Kenya

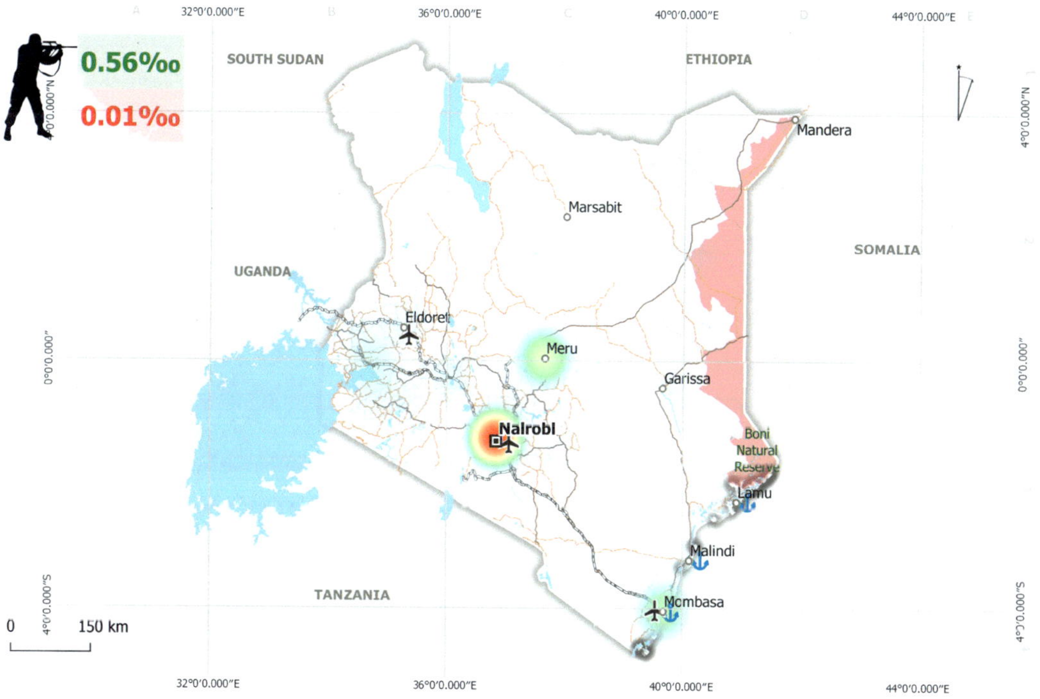

56

Lesotho | Lesotho

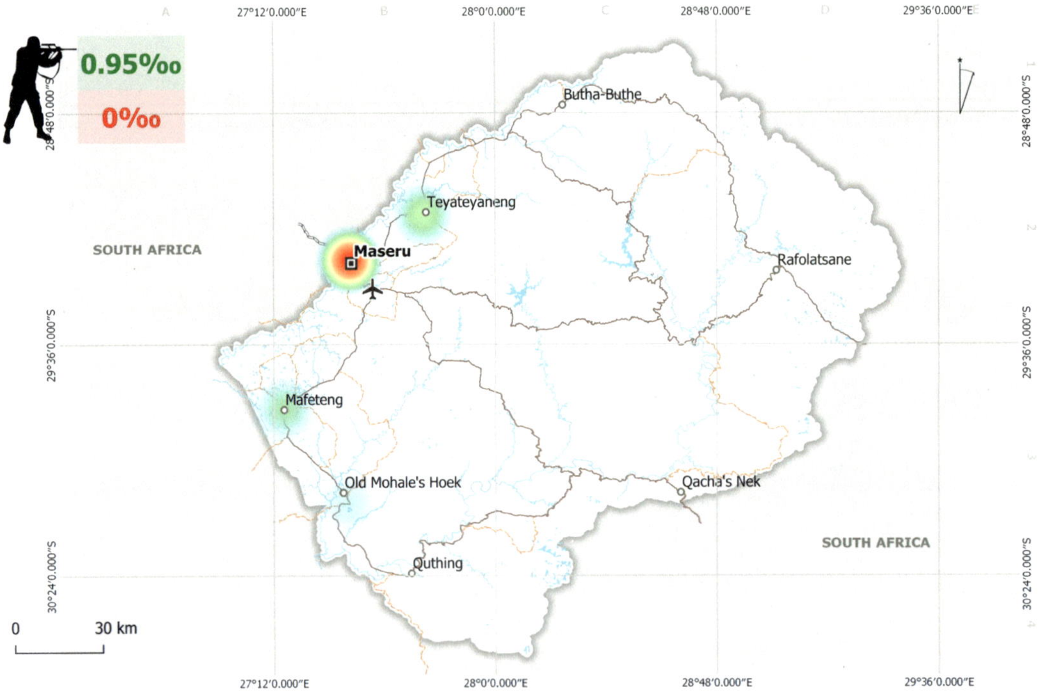

57

Liberia | Liberia

0.42‰

0‰

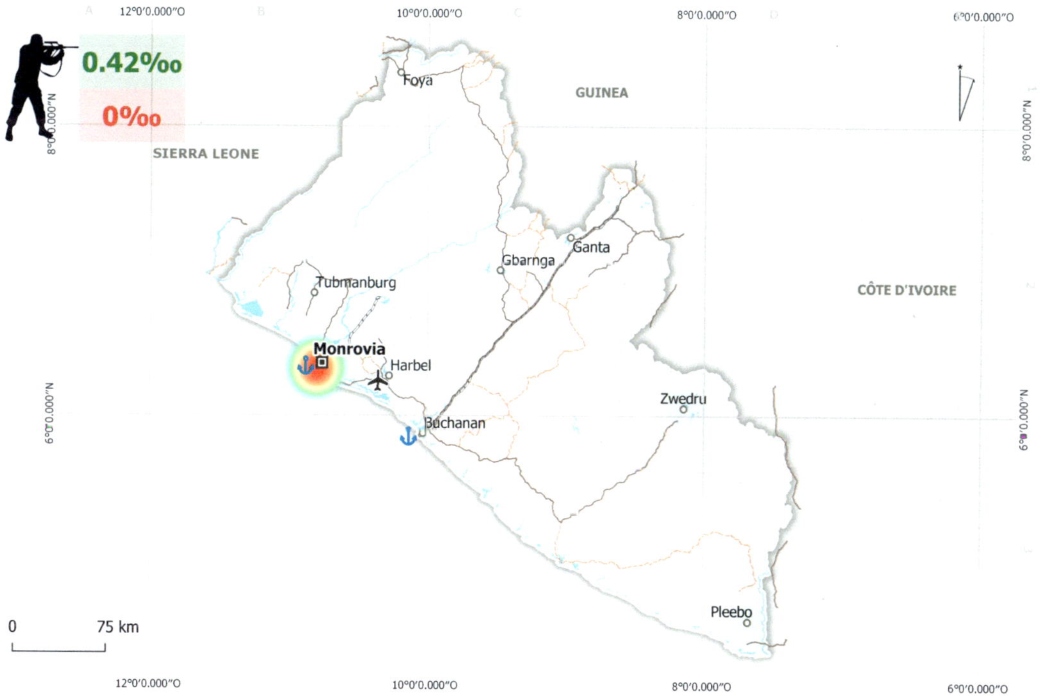

58

Libya | Libye

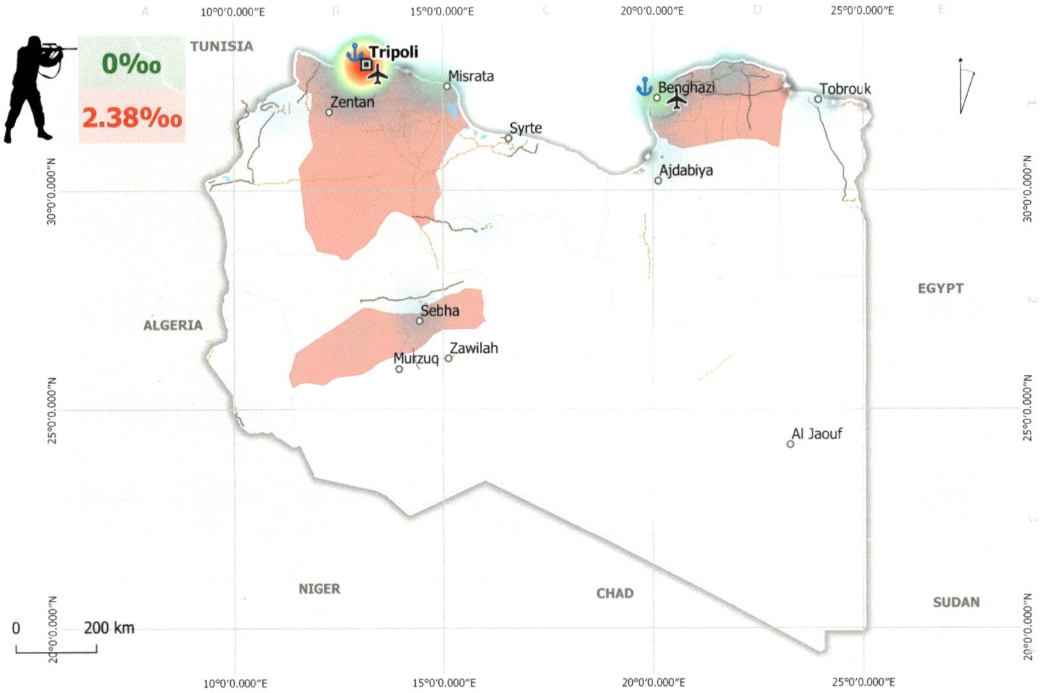

Madagascar | Madagascar

59

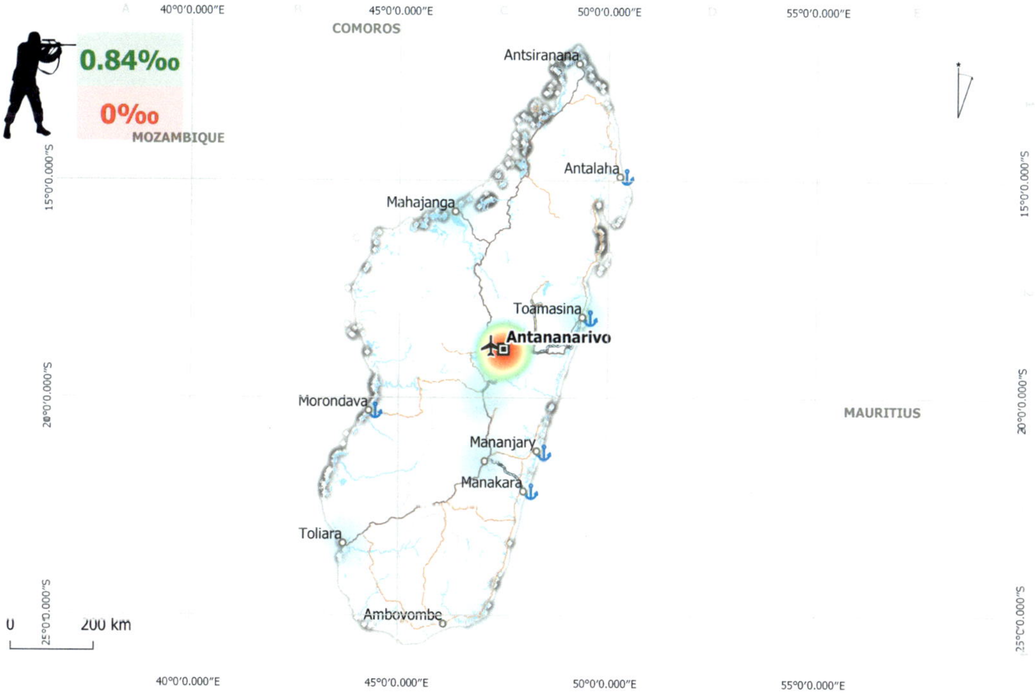

60

Malawi | Malawi

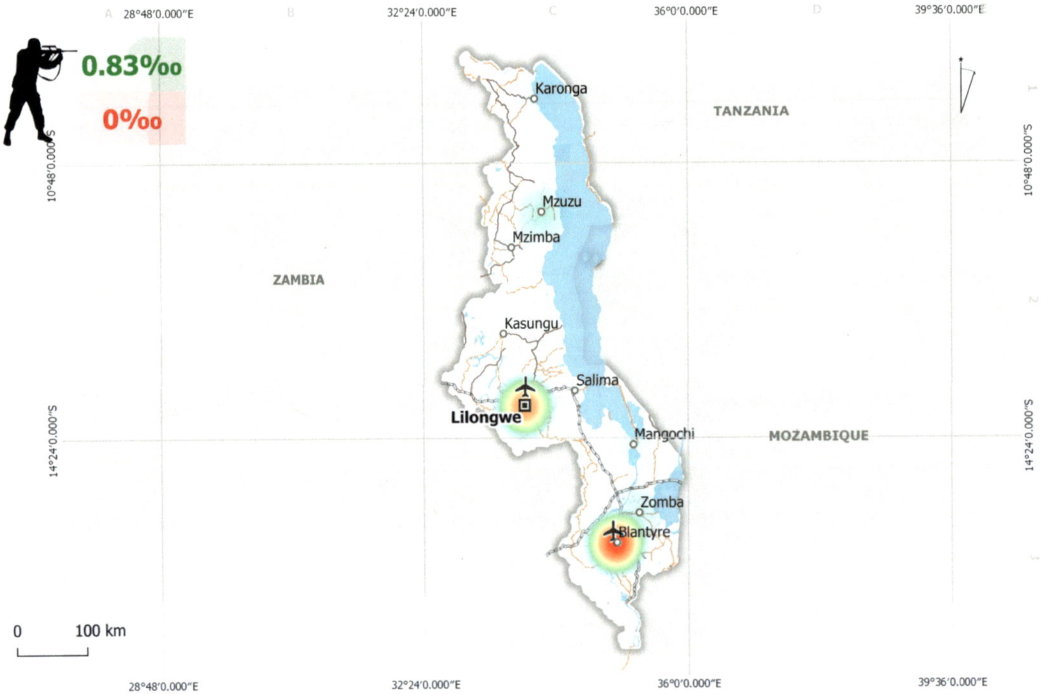

61

Mali | Mali

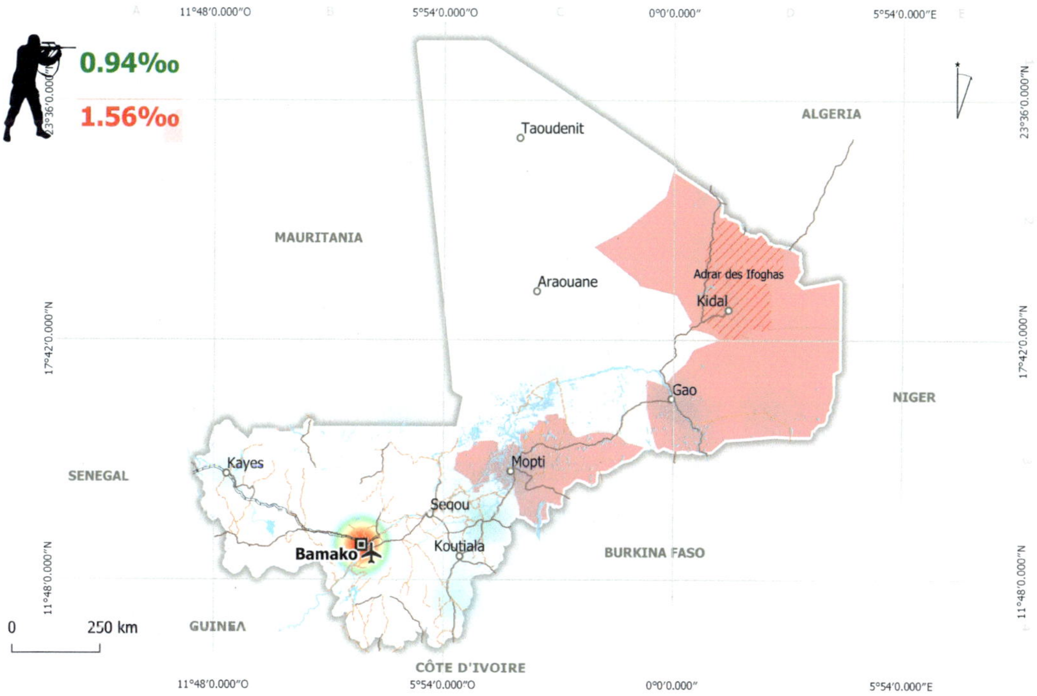
0.94‰
1.56‰
11°48'0.000"O
5°54'0.000"O
0°0'0.000"
5°54'0.000"E
23°36'0.000"N
17°42'0.000"N
11°48'0.000"N
Taoudenit
ALGERIA
MAURITANIA
Araouane
Adrar des Ifoghas
Kidal
Gao
NIGER
Mopti
Kayes
SENEGAL
Segou
Koutiala
Bamako
BURKINA FASO
0
250 km
GUINEA
CÔTE D'IVOIRE

62

Mauritania | Mauritanie

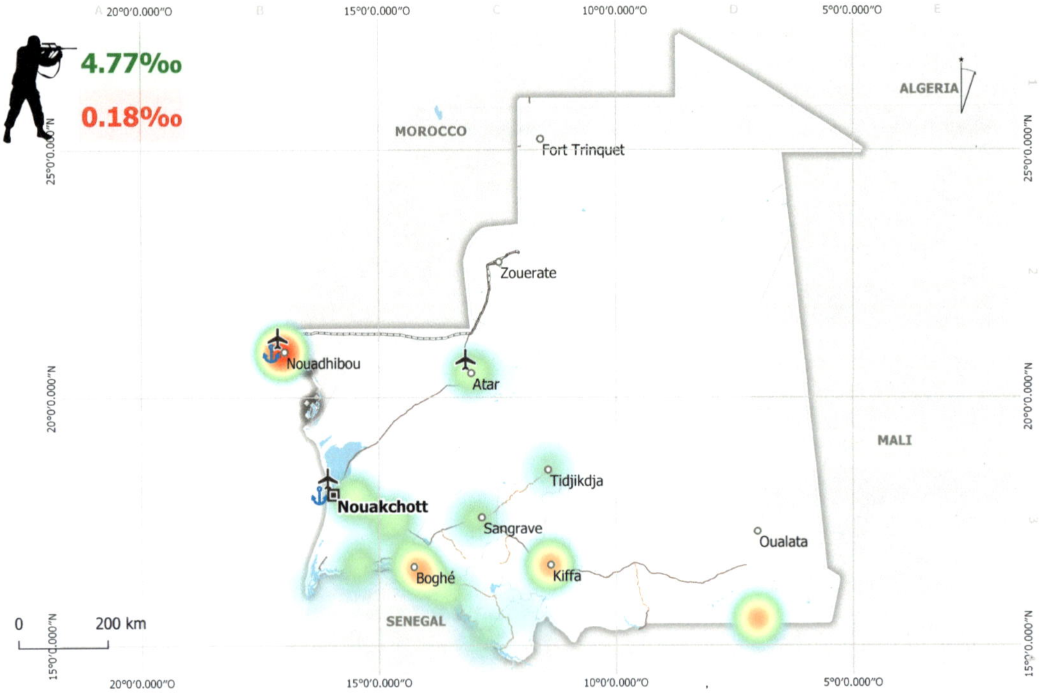

Mauritius | Maurice

63

2.37‰

0‰

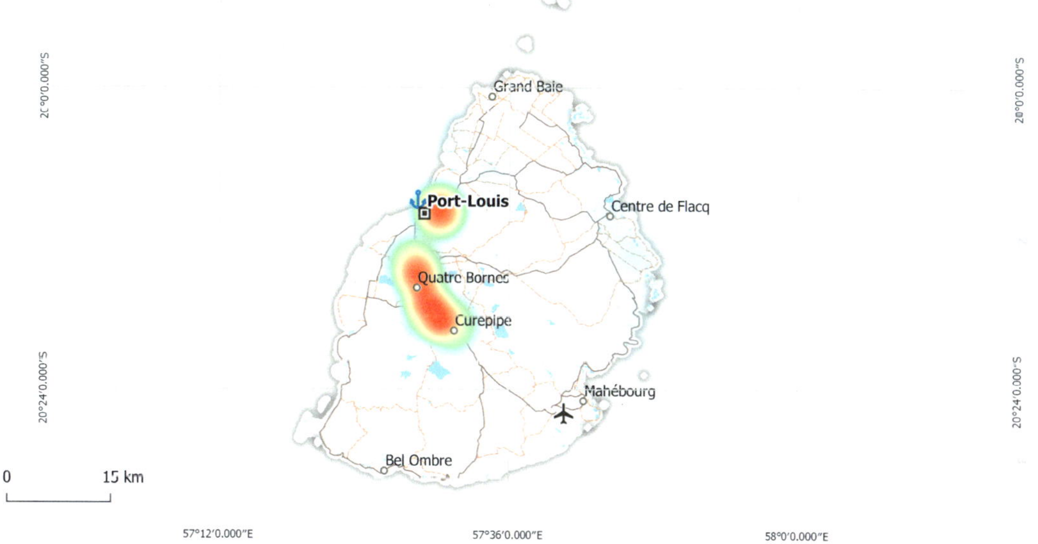

64

Morocco | Maroc

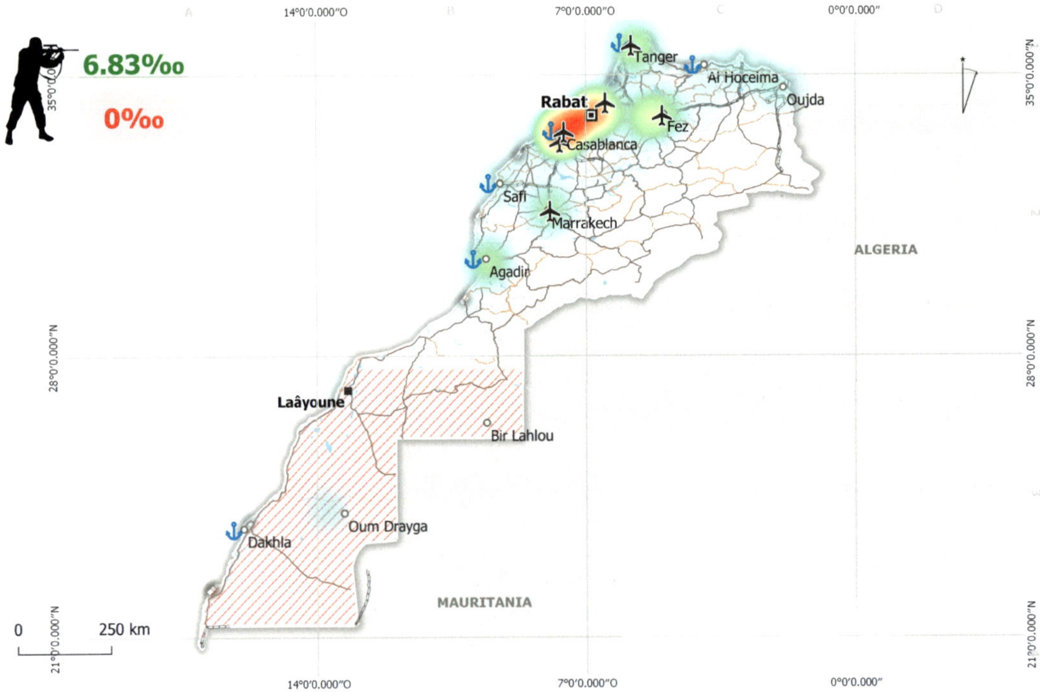

Mozambique | Mozambique

65

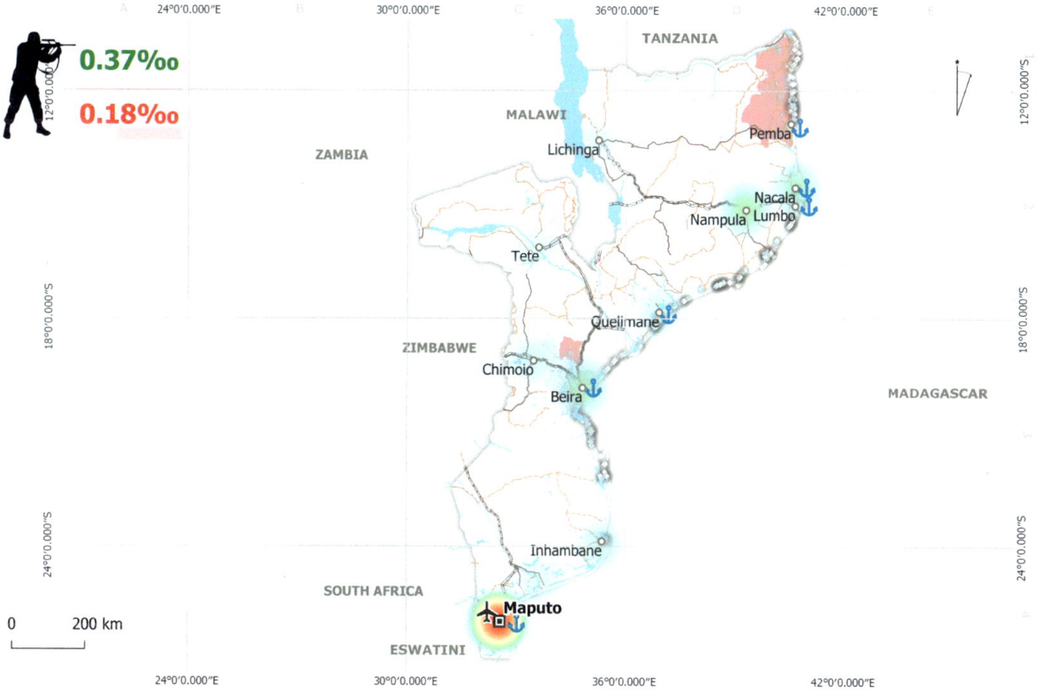

Namibia | Namibie

66

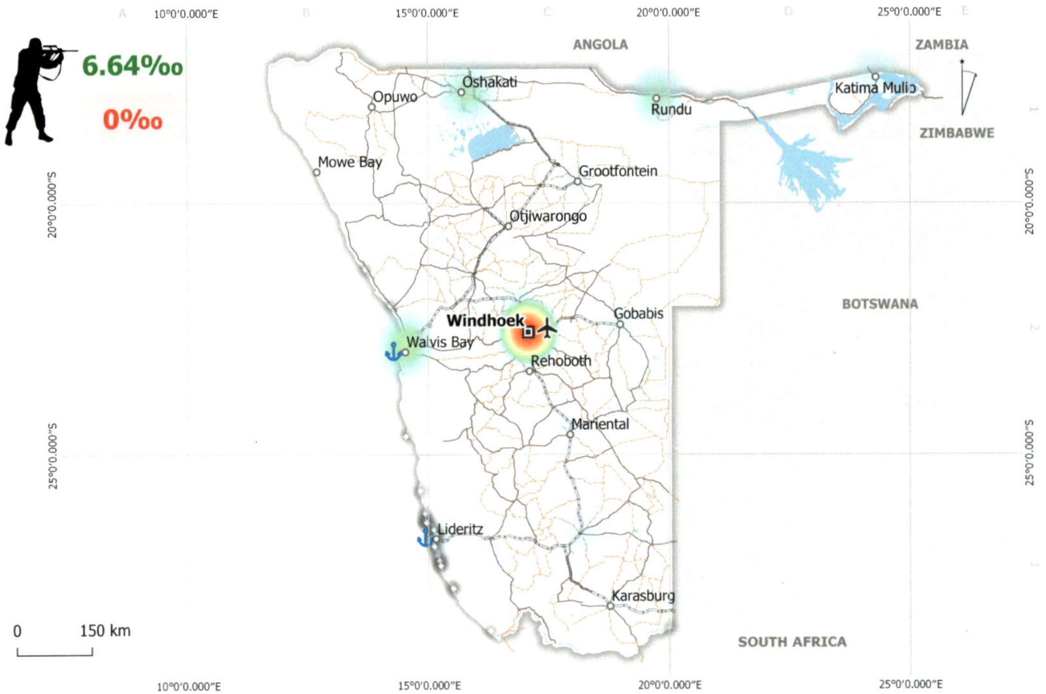

67

Niger | Niger

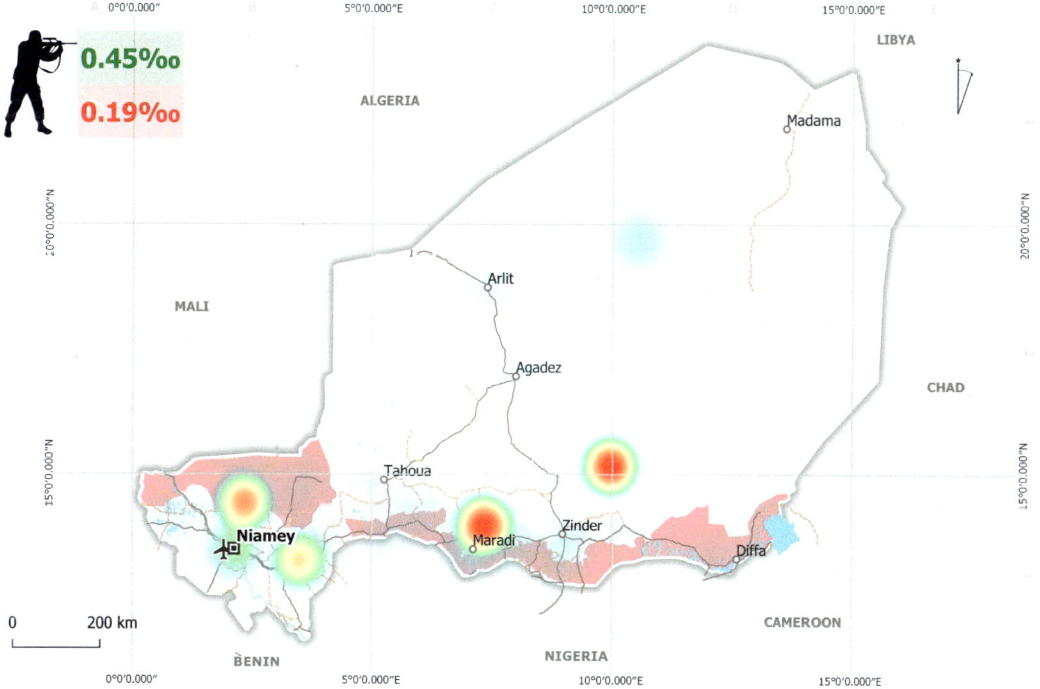

68

Nigeria | Nigeria

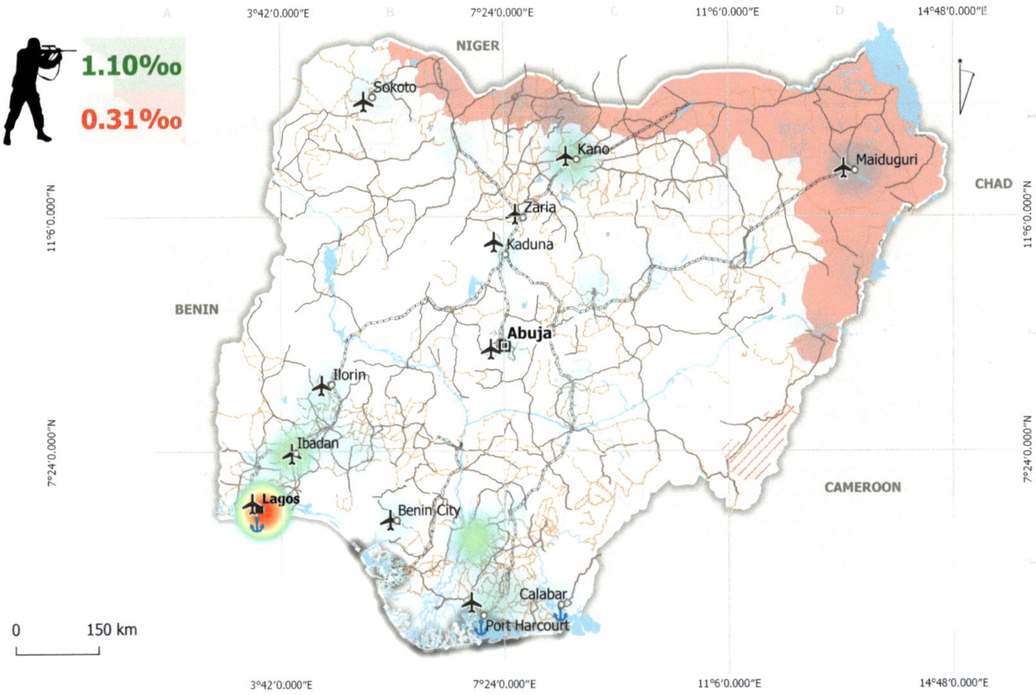

Rwanda | Rwanda

69

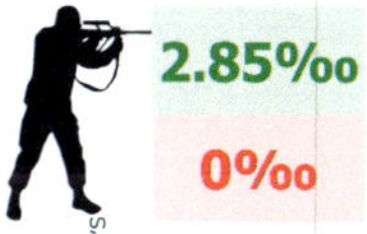

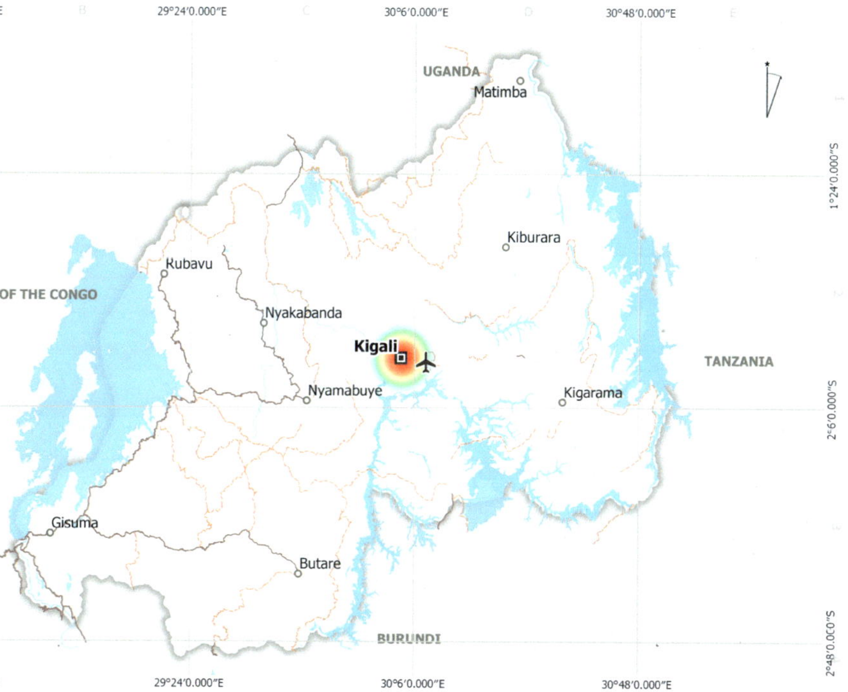

70

South Sudan | Soudan du Sud

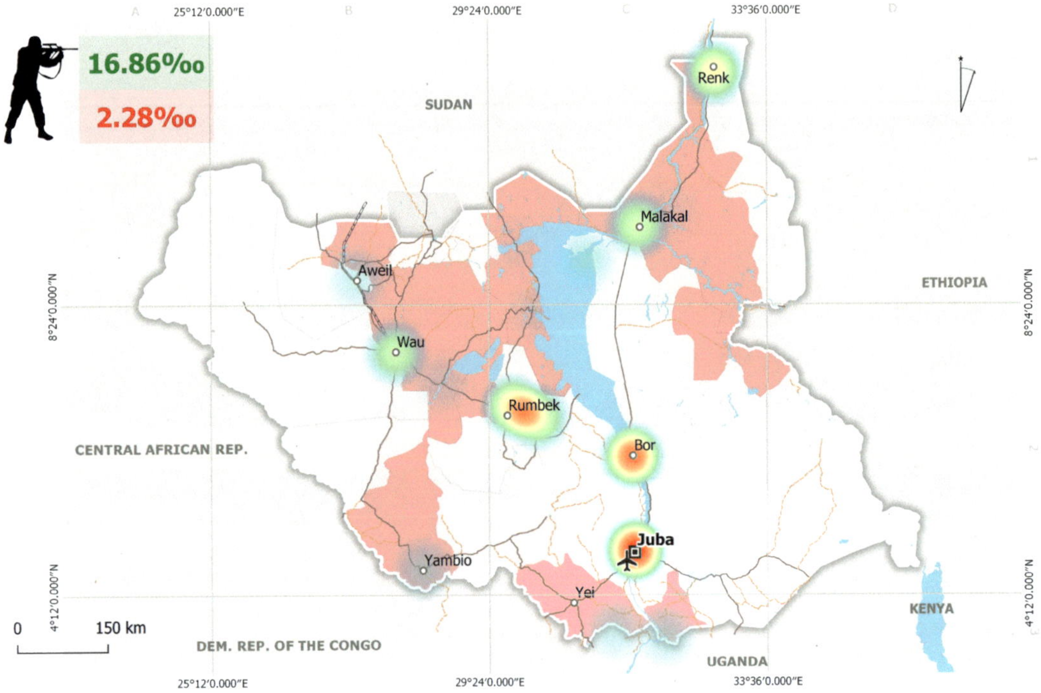

Sao Tome & Principe | Sao Tomé & Principe

71

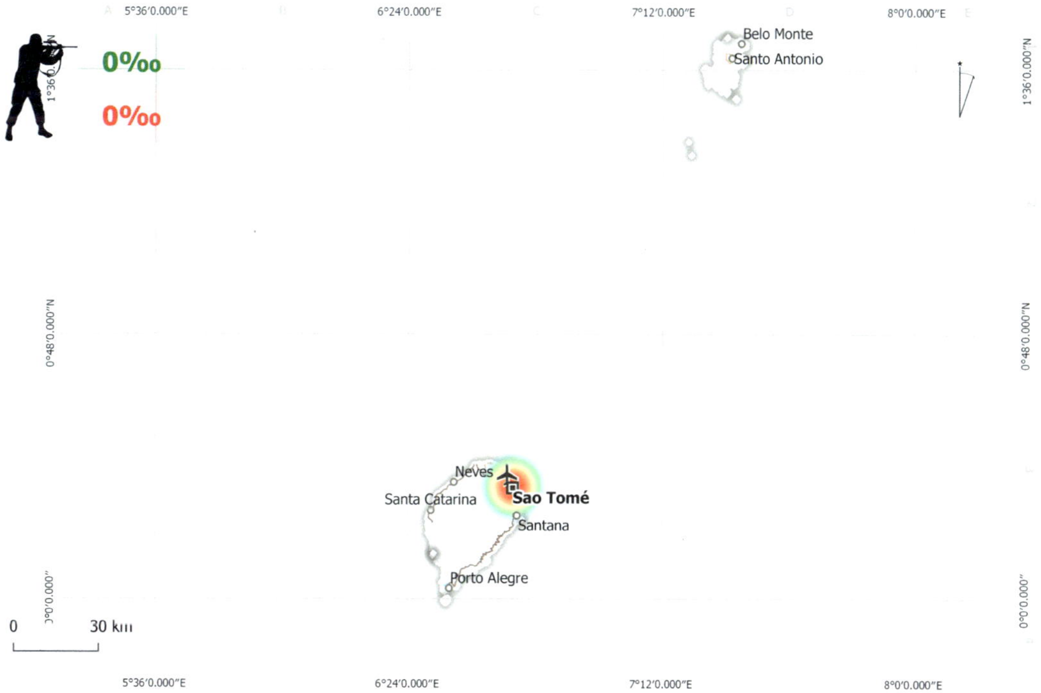

72

Senegal | Sénégal

73

Seychelles | Seychelles

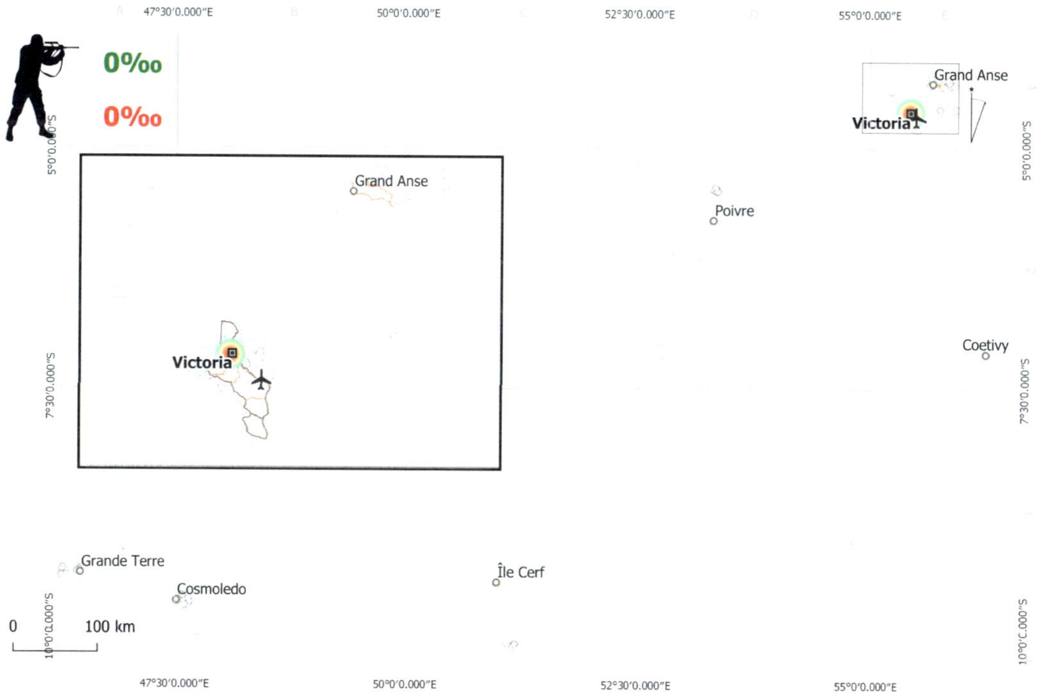

74

Sierra Leone | Sierra Leone

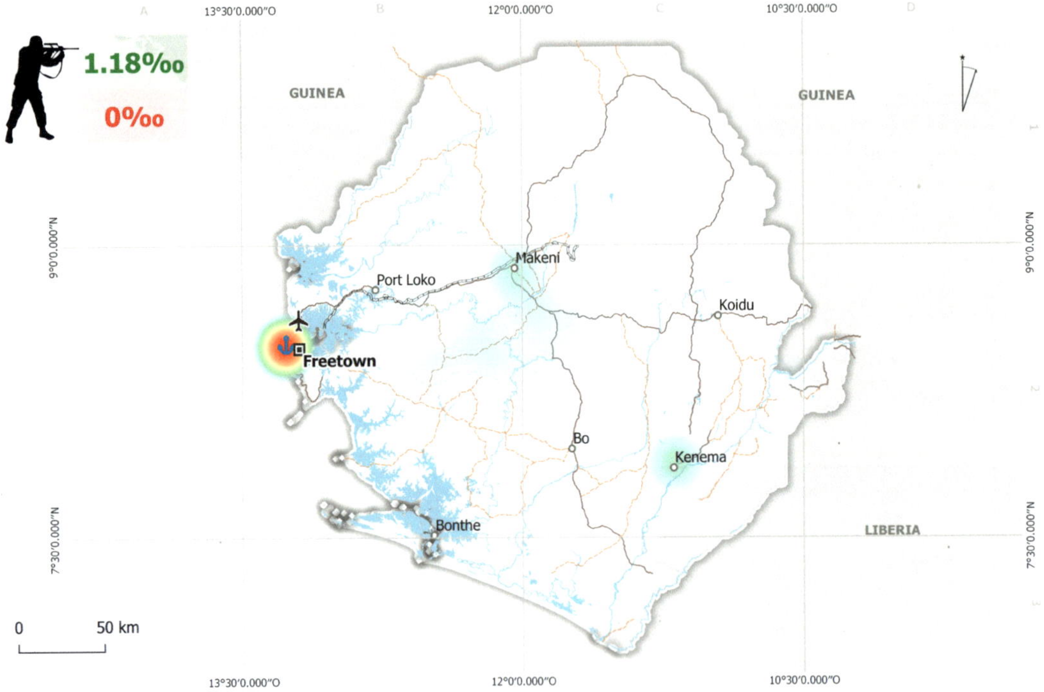

75

Somalia | Somalie

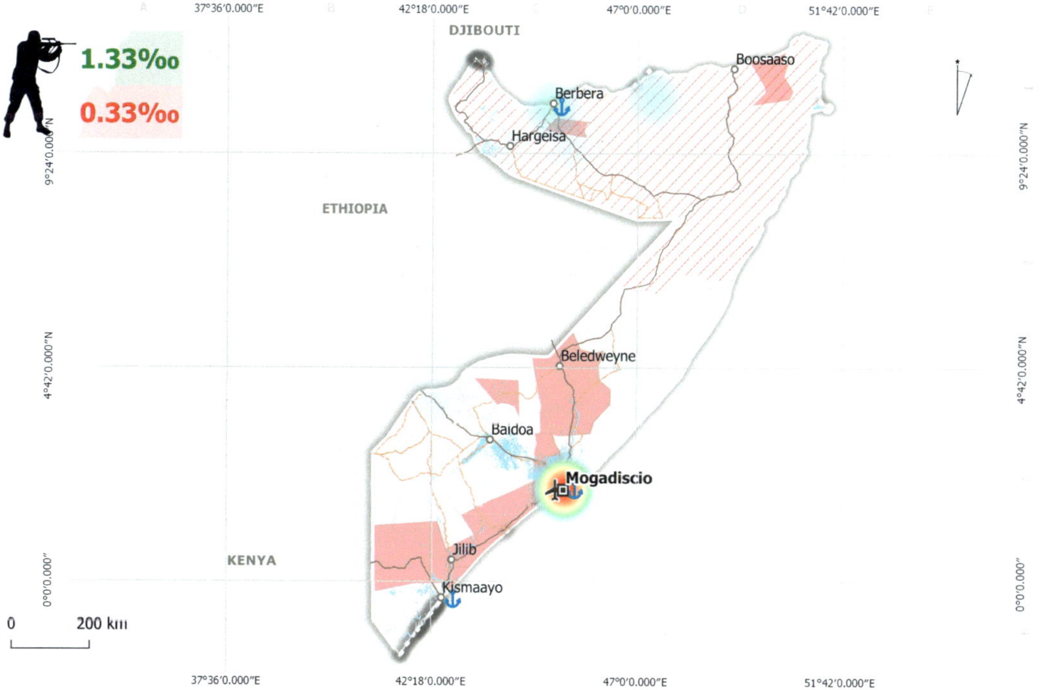

76

South Africa | Afrique du Sud

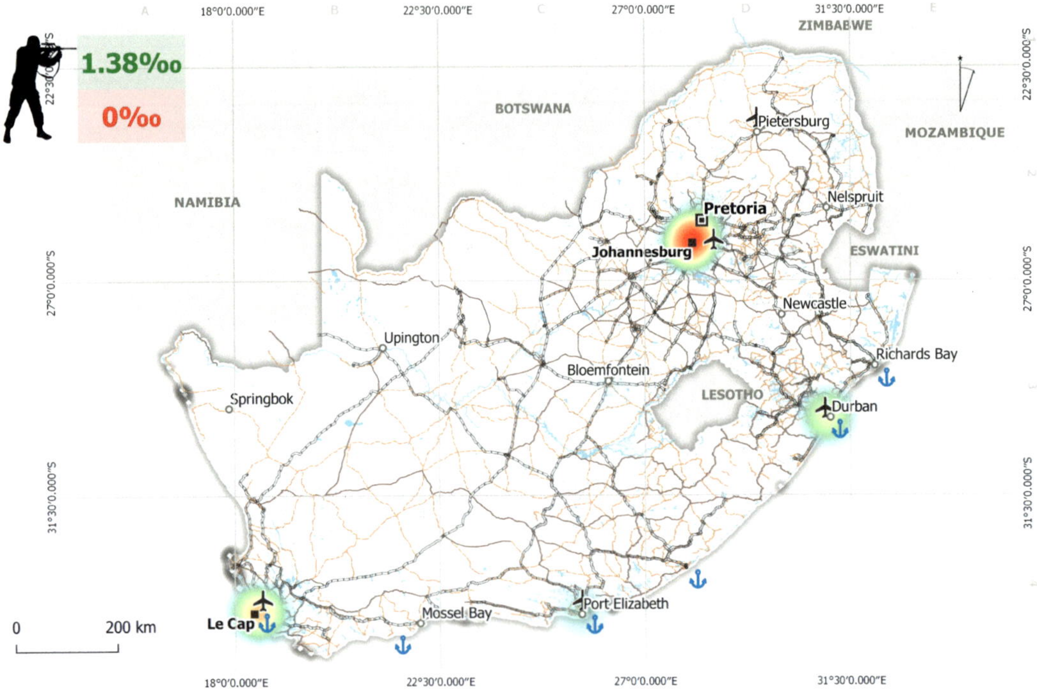

Sudan | Soudan

77

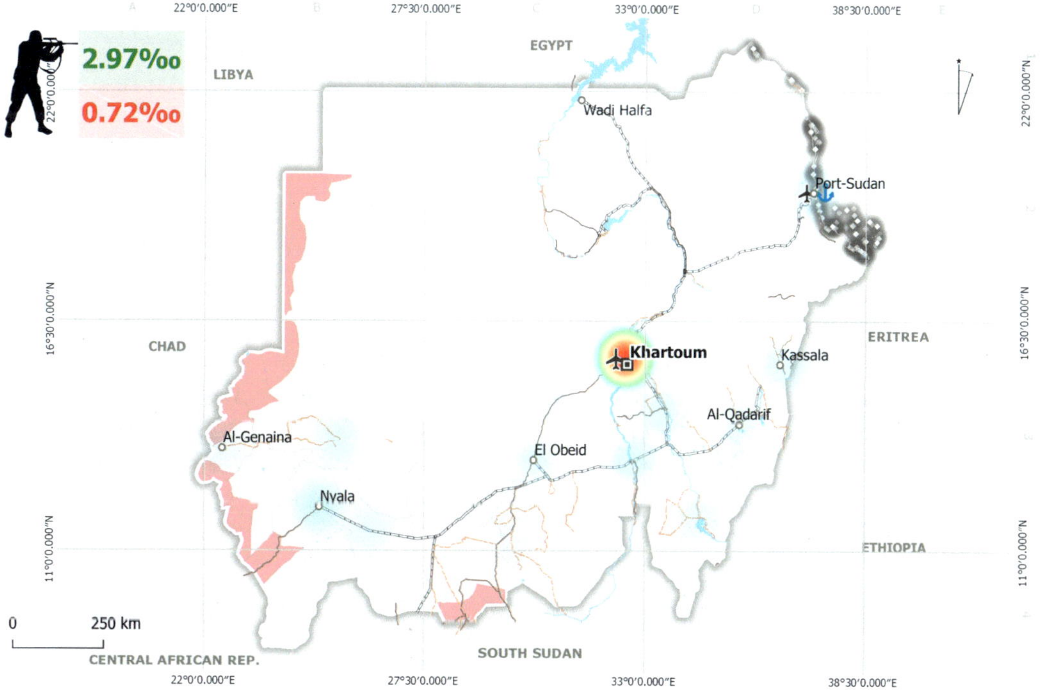

Eswatini (ex-Swaziland) | Eswatini (ex-Swaziland) 78

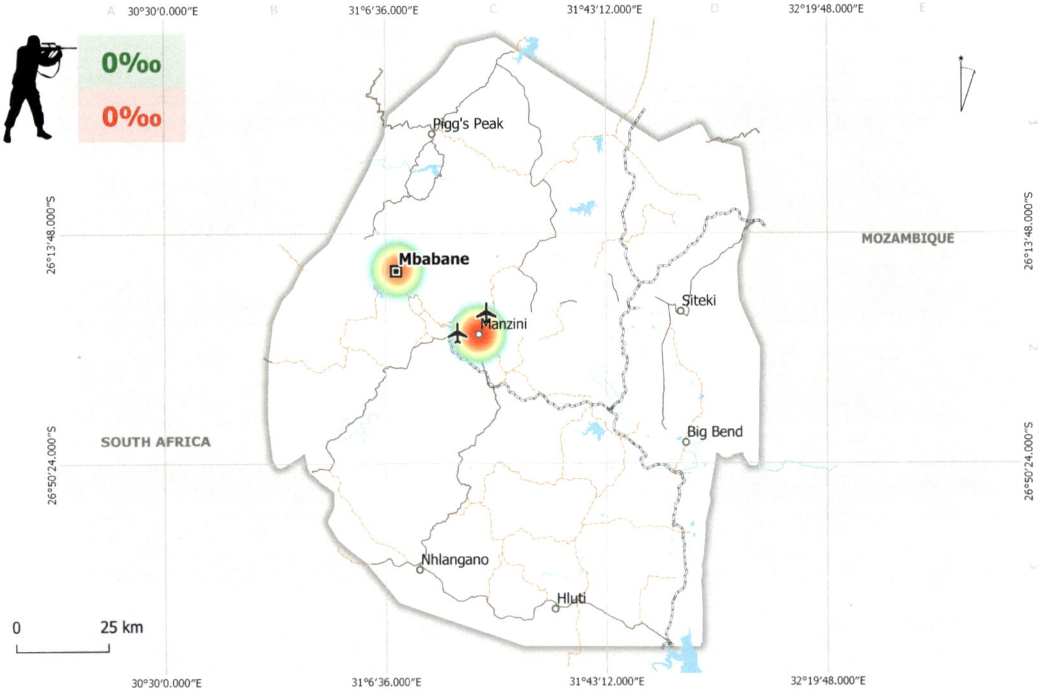

79

Tanzania | Tanzanie

0.50‰

0.01‰

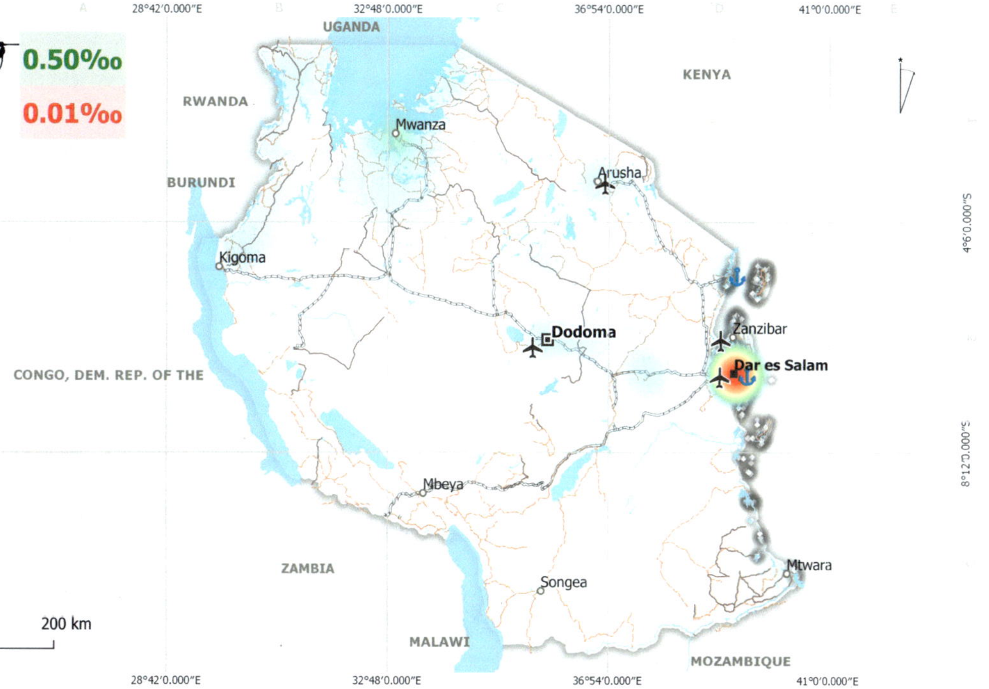

80

Togo | Togo

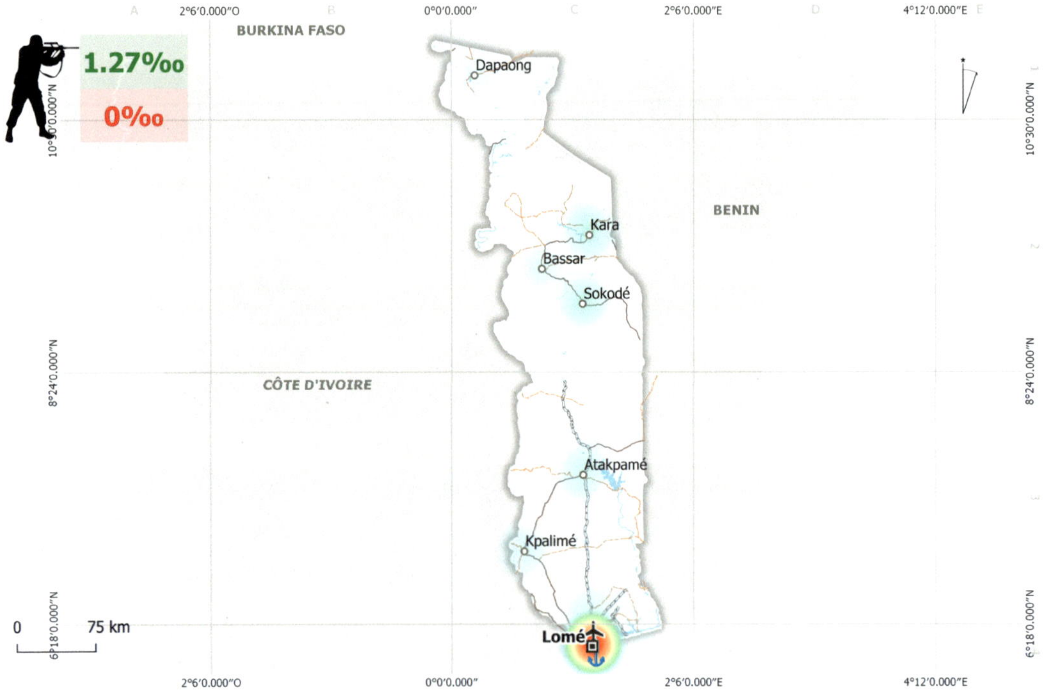
1.27‰
0‰
BURKINA FASO
BENIN
CÔTE D'IVOIRE
Dapaong
Kara
Bassar
Sokodé
Atakpamé
Kpalimé
Lomé
2°6'0.000"O
0°0'0.000"
2°6'0.000"E
4°12'0.000"E
10°30'0.000"N
8°24'0.000"N
6°18'0.000"N
0
75 km

81

Tunisia | Tunisie

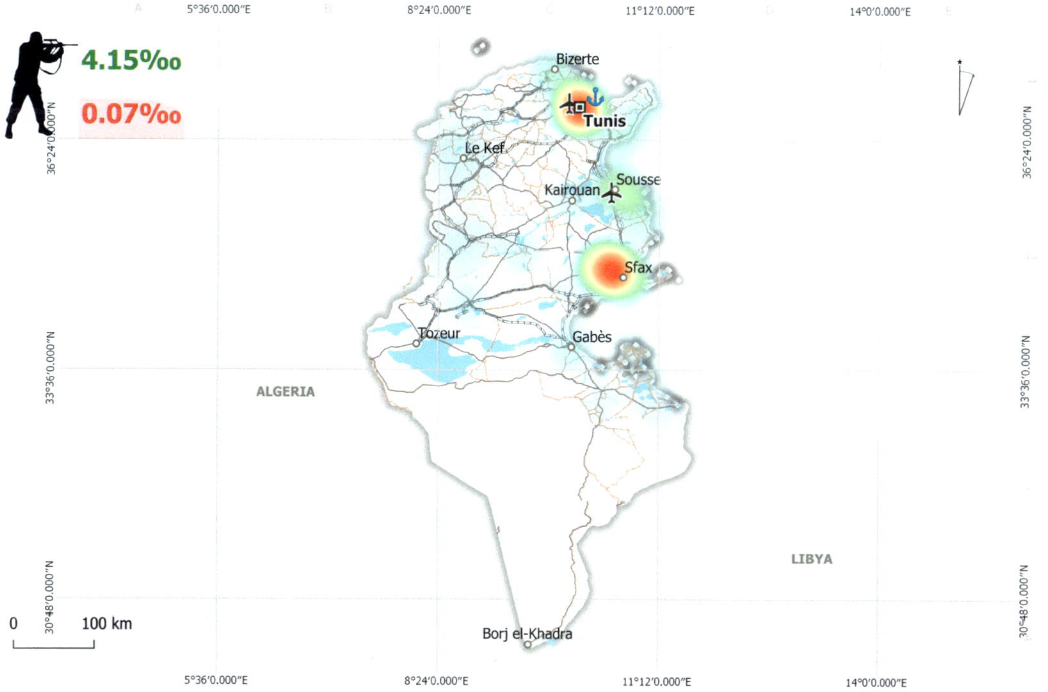

82

Uganda | Ouganda

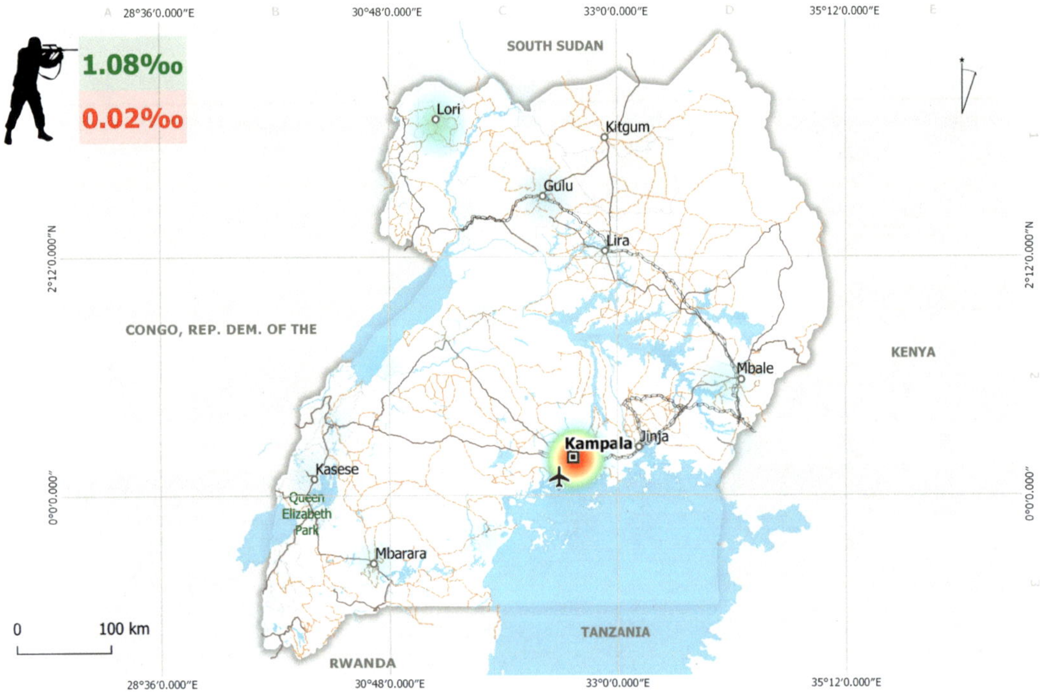

83

Zambia | Zambie

0.92‰

0‰

84

Zimbabwe | Zimbabwé

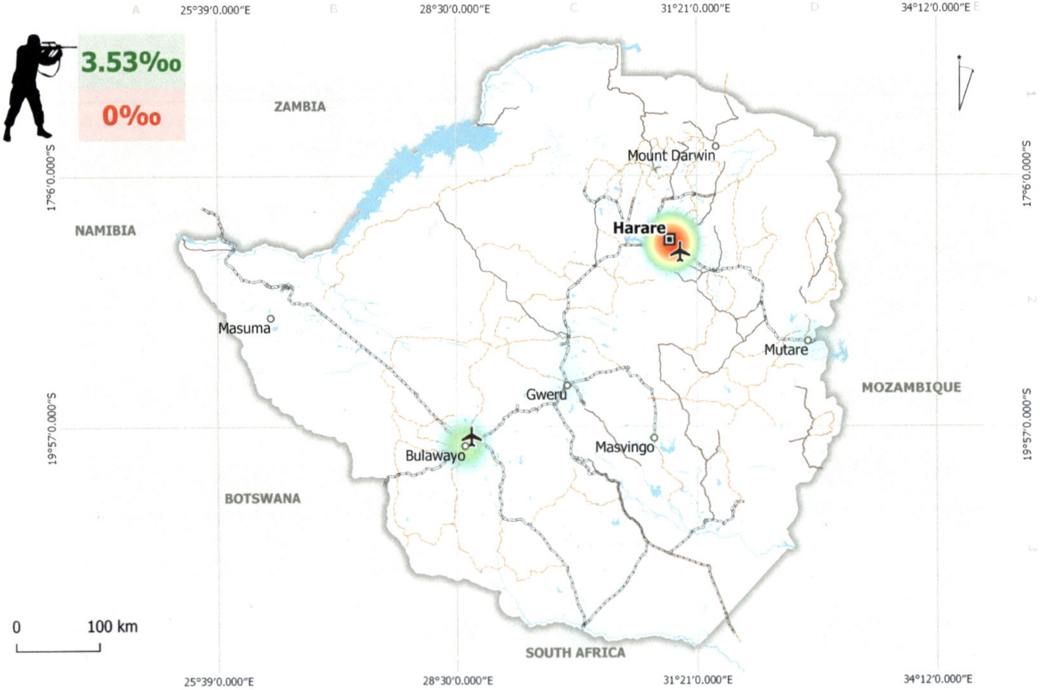

Index of Sources
Index des sources

S
SACU: Southern African Custom Union (107)
SADC: Southern African Development Community (107)
SIPRI: Stockholm International Peace Research Institute (60)
Stake experts: Various media sources; Observers; Internal data computations (51-118)

T
The Intercept (55)

U
UAM: Union of the Arab Maghreb (103)
UN: United Nations (54; 70; 71; 72; 73)
UNOCHA: UN Office for the Coordination of Humanitarian Affairs (52)
UNODC: UN Office on Drugs and Crime
USGS: United States Geological Survey (map layers)

W
WAEMU: West African Economic and Monetary Union (104)
WDC: World Diamond Council - Kimberley Process (61)
WISE Uranium Project (www.wise-uranium.org) (61)
World Bank (51; 53; 59; 64)
WTO: World Trade Organisation (59)

Index of definitions
Index des définitions

Country codes (ISO 3166-1 alpha-2)

AO - Angola
BF - Burkina Faso
BI - Burundi
BJ - Benin
BW - Botswana
CD - Democratic Republic of the Congo
CF - Central African Republic
CG - Congo
CI - Côte d'Ivoire
CM - Cameroon
CV - Cape Verde
DJ - Djibouti
DZ - Algeria
EG - Egypt
EH - **Western Sahara (RASD)
ER - Eritrea
ET - Ethiopia
GA - Gabon
GH - Ghana
GM - Gambia
GN - Guinea
GQ - Equatorial Guinea
GW - Guinea-Bissau
KE - Kenya
KM - Comoros
LR - Liberia
LS - Lesotho

Code pays (ISO 3166-1 alpha-2)

AO - Angola
BF - Burkina Faso
BI - Burundi
BJ - Bénin
BW - Botswana
CD - République Démocratique du Congo
CF - République Centrafricaine
CG - Congo
CI - Côte d'Ivoire
CM - Cameroun
CV - Cape Verde
DJ - Djibouti
DZ - Algérie
EG - Égypte
EH - **Sahara Occidental (RASD)
ER - Érythrée
ET - Éthiopie
GA - Gabon
GH - Ghana
GM - Gambie
GN - Guinée
GQ - Guinée Équatoriale
GW - Guinée-Bissau
KE - Kenya
KM - Comores
LR - Liberia
LS - Lesotho

LY - Libya
MA - Morocco
MG - Madagascar
ML - Mali
MR - Mauritania
MU - Mauritius
MW - Malawi
MZ - Mozambique
NA - Namibia
NE - Niger
NG - Nigeria
RW - Rwanda
SC - Seychelles
SD - Sudan
SL - Sierra Leone
SN - Senegal
SO - Somalia
SS - South Sudan
ST - Sao Tomé & Principe
SZ - Eswatini
TD - Chad
TG - Togo
TN - Tunisia
TZ - Tanzania
UG - Uganda
ZA - South Africa
ZM - Zambia
ZW - Zimbabwe

LY - Libye
MA - Maroc
MG - Madagascar
ML - Mali
MR - Mauritanie
MU - Maurice
MW - Malawi
MZ - Mozambique
NA - Namibie
NE - Niger
NG - Nigeria
RW - Rwanda
SC - Seychelles
SD - Soudan
SL - Sierra Leone
SN - Sénégal
SO - Somalie
SS - Soudan du Sud
ST - Sao Tomé & Principe
SZ - Eswatini
TD - Tchad
TG - Togo
TN - Tunisie
TZ - Tanzanie
UG - Ouganda
ZA - Afrique du Sud
ZM - Zambie
ZW - Zimbabwe

List of abbreviations

AU-led RCI-LRA: African Union-Led Regional Cooperation Initiative for the elimination of the LRA
COMESA: Common Market of Eastern and Souhtern Africa
EAC: East African Community
ECCAS: Economic Community of Central African States
ECOWAS: Economic Community of West African States
EMCCA: Economic and Monetary Community of Central Africa
FC-G5S: G5 Sahel Joint Taskforce
GDP: Gross Domestic Product
GDP/capita: Gross Domestic Product per capita
ICLGR: International Conference on the Great Lakes Region
IDP: Internally displaced people
IGAD: Intergovernmental Authority on Development
LCBC: Lake Chad Bassin Commission
MNJTF: Multinational Joint Task Force
NSAG: Non-State Armed Group
SACU: Southern African Custom Union
SADC: Southern African Development Community
TAG: Terrorist Armed group

Liste des abréviations

CBLT: Commission du Bassin du Lac Tchad
CDAA: Communauté de Développement d'Afrique Australe
CEA: Communauté d'Afrique de l'Est
CEDEAO: Communauté économique des Etats d'Afrique de l'Ouest
CEEAC: Communauté économique des Etats d'Afrique Centrale
CEMAC: Communauté Economique et Monétaire d'Afrique Centrale
CIRGL: Conférence internationale sur la région des Grands Lacs
COMESA: Marché commun de l'Afrique orientale et australe
FC-G5S: Force conjointe du G5 Sahel
FMM: Force multinationale mixte
GANE: Groupe Armé Non Étatique
GAT: Groupe armé terroriste
ICR-LRA UA: Initiative de Coopération Régionale pour l'élimination de la LRA, sous l'égide de l'UA
IDP: Personnes déplacées internes
IGAD: Autorité intergouvernementale pour le développement
PIB: Produit Intérieur Brut
PIB/hab: Produit Intérieur Brut par habitant
UDAA: Union douanière d'Afrique australe
UEMOA: Union économique et monétaire ouest-

UAM: Union of the Arab Maghreb
WAEMU: West African Economic and Monetary Union

Definitions

0,00%: none/ or unknown number
1,000 b/d: Thousands barrels per day (OPEC)
Armed vigilante group: A group of civilians carrying weapons and engaged in the fight against NSAGs, either in a function of self-defence of their communities, or alongside government forces. (ATLAS Methodology)
Conflict inducted IDP: Persons or groups of persons who have been forced or obliged to flee or to leave their homes or places of habitual residence, in particular as a result of or in order to avoid the effects of armed conflict, situations of generalized violence, violations of human rights, and who have not crossed an internationally recognized state border. (United Nations Guiding Principles on Internal Displacement; ATLAS Methodology)
Corplands: Croplands are the portion of the territory dedicated to active agriculture. This excludes fallow fields and wild or spontaneous plantations. (ATLAS methodology)
cu m: cubic metres (OPEC)
Demographic data: Set of data restoring the

africaine
UMA: Union du Maghreb Arabe

Définitions

0,00%: aucun/ ou nombre inconnu
1,000 b/d: milliers de barils par jour (OPEP)
Base arrière: Portion de territoire utilisé de façon permanent ou fréquente comme lieu de fuite et/ou de ravitaillement par des GANEs actifs. (Méthodologie de l'ATLAS)
Comité armé de vigilance: Groupe de civils portant des armes et engagés dans la lutte contre les GANEs, soit dans une fonction d'autodéfense de leurs communautés, ou aux côtés des forces gouvernementales. (Méthodologie de l'ATLAS)
cu m: mètres cubes (OPEP)
Démographie combattante: Effectif du personnel militaire actif et du personnel des GANEs. Ceci exclut le personnel militaire affecté aux services administratifs. (Méthodologie de l'ATLAS)
Déplacés internes pour cause de conflit: Personnes ou groupes de personnes qui ont été forcés ou contraints de fuir ou de quitter leur domicile ou leur lieu de résidence habituel, notamment en raison d'un conflit armé, de situations de violence généralisée ou de violations des droits de l'homme ou pour en

characters of settlement (constitution, density, distribution...) of a territory. (Cartography)
Economic data: Set of data representing economic variables of a territory.
Fighting demographics: Number of active military personnel and NSAGs personnel. This excludes military personnel assigned to administrative services. (ATLAS methodology)
GDP: GDP is the sum of the gross value added of all resident producers in an economy plus any taxes on products and minus subsidies not included in the value of products. (Wold Bank)
GDP/capita: GDP per capita is the gross domestic product divided by the mid-year population. (World Bank)
Grey security area: Geographical area (often approximate) in which one or more NSAGs operate frequently (1/ month). (ATLAS Methodology)
Military personnel: Military personnel on active service, including paramilitary forces if the training, organization, equipment and control suggest that they could be used to support or replace normal military forces. This excludes military or paramilitary personnel used for administrative services. (IISS; ATLAS Methodology)
Personnel of NSAGs: Persons bearing arms and

éviter les effets, et qui n'ont pas franchi une frontière d'État internationalement reconnue. (Principes directeurs des Nations Unies relatifs au déplacement de personnes à l'intérieur de leur propre pays ; Méthodologie de l'ATLAS)
Données démographiques: Ensemble de données restituant les caractères de peuplement (constitution, densité, répartition...) d'un territoire. (Cartographie)
Données économiques: Ensemble de données représentant des variables économiques d'un territoire.
Données physiques: Ensemble de données restituant les caractères géographiques, géologiques, et/ou géodésiques d'un territoire. (Cartographie)
GDP: Le PIB est la somme de la valeur ajoutée brute de tous les producteurs résidents d'une économie plus toutes taxes sur les produits et moins les subventions non incluses dans la valeur des produits. (Banque Mondiale)
Personnel des GANEs: Personnes portant des armes et engagées dans les activités d'un groupe armé non-étatique. (Méthodologie de l'ATLAS)
Personnel militaire: Personnel militaire en service actif, y compris les forces paramilitaires si la formation, l'organisation, l'équipement et le contrôle permettent de croire qu'elles pourraient

engaged in the activities of a non-State armed group. (ATLAS Methodology)
Physical data: Set of data restoring the geographical, geological, and/or geodetic characteristics of a territory. (Cartography)
Rear base: Portion of territory permanently or frequently used as a place of escape and/or resupply by active NSAGs. (ATLAS Methodology)
Red security area: Geographical area (often approximate) in which one or more NSAGs have operation bases or move/operate very frequently (1/week). (ATLAS Methodology)
Special area: Utility area frequently used for a purpose different from that for which it is known, according to random and unpredictable parameters. (ATLAS Methodology)
Utility area: Geographical area assigned to a specific and known human activity. (ATLAS Methodology)

être utilisées pour soutenir ou remplacer les forces militaires normales. Ceci exclut le personnel militaire ou paramilitaire utilisé pour les services administratifs. (IISS; Méthodologie de l'ATLAS)
PIB/hab: Le PIB par habitant est le produit intérieur brut divisé par la population en milieu d'année. (Banque Mondiale)
Terres cultivées: Portions du territoire dédiées à l'agriculture active. Ceci exclut les champs en jachère et les plantations sauvages ou spontanées. (Methodologie de l'ATLAS)
Zone d'utilité: Espace géographique affecté à un activité humaine déterminée et connue. (Méthodologie de l'ATLAS)
Zone sécuritaire grise: Zone géographique (souvent approximative) dans laquelle un ou plusieurs GANEs opèrent fréquemment (1/mois). (Méthodologie de l'ATLAS)
Zone sécuritaire rouge: Zone géographique (souvent approximative) dans laquelle un ou plusieurs GANEs possèdent des bases d'opération ou se déplacent/opèrent très fréquemment (1/semaine). (Méthodologie de l'ATLAS)
Zone spéciale: Zone d'utilité servant fréquemment à un usage différent de celui pour lequel elle est connue, selon des paramètres

aléatoires et imprédictibles. (Méthodologie de l'ATLAS)

Index
Index

A

B

A

B

C

TN
MA
DZ
LY
EG
EH
MR
ML
NE
TD
SD
CV
SN
ER
BF
DJ
GW
GN
BJ
NG
GH
CI
ET
SL
TG
SS
CF
LR
CM
SO
GQ
UG
KE
ST
GA
CG
CD
SC
BI
TZ
KM
AO
ZM
MW
ZW
MZ
MG
MU
NA
BW
SZ
ZA
LS

Technical staff
Equipe technique

Claude Biao
Editor in chief, GIS Technical Manager
Directeur d'édition, responsable technique GIS

Melizah Memena
Communication and marketing consultant
Conseillère communication et marketing

Taflta Naory-Frigue
Data collection and formatting
Collecte et formatage des données

Hervé Allahissem
Data collection and formatting
Collecte et formatage des données

Diane Zodehougan
French Edition
Edition Français

Emmanuel Awohouedji
English Edition
Edition Anglais

Tazzief Soumaïla
Editorial assistant
Assistant d'édition

Made in United States
Troutdale, OR
11/11/2026

57125317R00133